JN272885

ココに苦手克服のヒントがある
現場で実践する事業所開拓

荻野元夫［著］

近代セールス社

はじめに

　金融機関の営業担当者にとって、一番やりがいを感じる反面、一番難しいものが事業所開拓ではないでしょうか。金融機関に入社した人は、「企業を育成して大きくしたい」という希望を持っている人が少なくありません。ところが、いざ実践になると、どのように訪問し何を話したらいいのか分からないという声を聞きます。また一度目は訪問できてもその後が続かないということもあるようです。

　そこで本書は、事業所開拓の準備から訪問時の話の仕方、確認すべき事項、決算書等の徴求の仕方、その後の展開・クロージングまでを分かりやすく具体的に解説しています。

　またそれぞれの訪問において、お客様から断られた場合にどのように話を続ければいいのかなどについても説明します。

　初心者から上級の営業担当者まで、今まで足の進まなかった事業所の新規開拓について、心を新たに前進するための必読マニュアルです。

　特に本書は、事業所の新規開拓を日常の活動に組み入れていくために必要な営業担当者の姿勢や心構え、また成果を左右する初期段階での訪問手法や場面ごとのセールス話法などが詳しく盛り込まれています。今まで認識や知識はあっても、なかなか理解と行動が一致しなかった点についても、分かりやすく学ぶことができると思います。

　また、内容のほとんどが、著者の豊富な経験に基づいた実際の場面を振り返ったもので、とりわけ失敗実例からの教訓を活かした数多くの訪問事例は、机上の成功理論にはない臨場感があります。

　事業所の新規開拓は苦しいものと考えがちですが、それは成果がなかなか上がらないことが一番の理由です。

　本書は成果を求めるために、現場を最もよく知っている人間が書いた、現場に最も即した内容の本であることを確信します。

　本書の特徴として、図解・図表、事例を多く取り入れていますので、非常に分かりやすいつくりとなっており、明日からの実践手法をより具体的に学ぶことができます。

2009年6月　　　　　　　　　　　　　　　　　　　　　　　　荻野元夫

目次

はじめに ・・ 1

プロローグ　なぜ事業所開拓が苦手なのか
1. 事業所訪問が苦手な人はどうしてなのか① ・・・・・・・・・・・・・・ 6
2. 事業所訪問が苦手な人はどうしてなのか② ・・・・・・・・・・・・・・ 8
3. 事業所訪問が苦手な人はどうしてなのか③ ・・・・・・・・・・・・・・ 10
4. 融資開拓活動を活性化しよう① ・・・・・・・・・・・・・・・・・・・・・ 12
5. 融資開拓活動を活性化しよう② ・・・・・・・・・・・・・・・・・・・・・ 14
6. 融資開拓活動を活性化しよう③ ・・・・・・・・・・・・・・・・・・・・・ 16
7. 管理者の新規開拓スタンス ・・・・・・・・・・・・・・・・・・・・・・・・ 18

PART1　訪問先の発掘と事前準備
1. 事前調査では何をすべきか ・・・・・・・・・・・・・・・・・・・・・・・・ 22
2. 訪問時の着眼ポイントと心構え ・・・・・・・・・・・・・・・・・・・・・ 24
3. 訪問適格対象先としての見極めポイント ・・・・・・・・・・・・・・・ 26
4. 訪問前に準備すべきポイント ・・・・・・・・・・・・・・・・・・・・・・ 28
5. 定量面で参考にすべき主な財務データ ・・・・・・・・・・・・・・・・ 30
6. 定量面から見る収益性の判断ポイント ・・・・・・・・・・・・・・・・ 32
7. 定量面から見る安全性の判断ポイント ・・・・・・・・・・・・・・・・ 34
8. 定量面から見る成長性・生産性の判断ポイント ・・・・・・・・・・ 36
9. 定性面をどう観察するか ・・・・・・・・・・・・・・・・・・・・・・・・・ 38
10. 新規開拓先の目のつけどころ ・・・・・・・・・・・・・・・・・・・・・ 40
11. 新規開拓のための行動計画の考え方 ・・・・・・・・・・・・・・・・・ 42
12. 新規需要の喚起と提案セールスの実行 ・・・・・・・・・・・・・・・ 44
13. 自己都合の提案は成功しない ・・・・・・・・・・・・・・・・・・・・・ 46
14. 対象企業の課題（切り込みポイント）の見つけ方 ・・・・・・・・・ 48
15. 経営課題の捕捉テクニック ・・・・・・・・・・・・・・・・・・・・・・・ 50
16. 情報管理ノートを活用する ・・・・・・・・・・・・・・・・・・・・・・・ 52
17. 情報収集の実践方法 ・・・・・・・・・・・・・・・・・・・・・・・・・・・ 56

PART2　実際に訪問してみよう
1. 初回訪問では何を話題にすればいいのか・・・・・・・・・・・・・・・・・ 62
2. 断られないようにするためには・・・・・・・・・・・・・・・・・・・・・・ 64
3. アプローチの切り出しセールストーク例・・・・・・・・・・・・・・ 66
4. 初回訪問ではどこを観察すればいいのか①・・・・・・・・・・・・・ 68
5. 初回訪問ではどこを観察すればいいのか②・・・・・・・・・・・・・ 70
6. 初回訪問ではどこを観察すればいいのか③・・・・・・・・・・・・・ 72
7. 初回訪問ではどこを観察すればいいのか④・・・・・・・・・・・・・ 74
8. 初回面談の話の進め方とヒアリング話法①・・・・・・・・・・・・・ 76
9. 初回面談の話の進め方とヒアリング話法②・・・・・・・・・・・・・ 78
10. 初回面談の話の進め方とヒアリング話法③・・・・・・・・・・・・・ 80
11. 初回面談の話の進め方とヒアリング話法④・・・・・・・・・・・・・ 82
12. 初回面談の話の進め方とヒアリング話法⑤・・・・・・・・・・・・・ 84
13. 初回面談の話の進め方とヒアリング話法⑥・・・・・・・・・・・・・ 86
14. 初回面談の話の進め方とヒアリング話法⑦・・・・・・・・・・・・・ 88
15. 初回面談の話の進め方とヒアリング話法⑧・・・・・・・・・・・・・ 90
16. 問題点を持ち帰れなかった場合はどうすればいいか・・・・・・・・・ 92

PART3　2度目の訪問を行おう
1. 持ち帰った問題をどのように判断するか・・・・・・・・・・・・・・・ 100
2. 「また来たのか」「もう来なくていい」と言われたら①・・・・・・・ 102
3. 「また来たのか」「もう来なくていい」と言われたら②・・・・・・・ 104

PART4　事業所開拓の実際
1. 効果的な情報収集の方法と管理のフローチャート・・・・・・・・・・ 110
2. 既取引先からの情報収集と管理のフローチャート・・・・・・・・・・ 112
3. 地域ローラーマップの作り方と活用方法・・・・・・・・・・・・・・・ 114
4. 情報収集の流れと管理の方法・・・・・・・・・・・・・・・・・・・・・・ 116
5. 情報の管理システム・・・・・・・・・・・・・・・・・・・・・・・・・・・・ 118
6. 企業の悩み、経営課題のヒアリングポイント・・・・・・・・・・・・ 122
7. 推進先を攻略するための提案ポイント・・・・・・・・・・・・・・・・ 126
8. 資金ニーズにつながる情報の聞き出し方・・・・・・・・・・・・・・・ 132

| 9 | 5つのケースによる課題別セールストークのトレーニング‥‥ 138
| 10 | 決算書入手のための上手な話の進め方①‥‥‥‥‥‥‥ 144
| 11 | 決算書入手のための上手な話の進め方②‥‥‥‥‥‥‥ 146
| 12 | 決算書入手のための上手な話の進め方③‥‥‥‥‥‥‥ 148
| 13 | いきなり決算書を渡してきたらどうするか‥‥‥‥‥‥ 150

PART5　事業所開拓を定着化させる
| 1 | 開拓活動を定着化させるには‥‥‥‥‥‥‥‥‥‥‥‥ 156
| 2 | 対象先と見込先の違い‥‥‥‥‥‥‥‥‥‥‥‥‥‥‥ 162
| 3 | 見込先への行動管理のポイント‥‥‥‥‥‥‥‥‥‥‥ 164
| 4 | 対象先の見込み度により優先順位を変える‥‥‥‥‥‥ 166
| 5 | プロセス管理がカギ‥‥‥‥‥‥‥‥‥‥‥‥‥‥‥‥ 168
| 6 | 管理者の管理ポイント‥‥‥‥‥‥‥‥‥‥‥‥‥‥‥ 170
| 7 | 部下を育てる同行訪問の方法‥‥‥‥‥‥‥‥‥‥‥‥ 172
| 8 | 見込先数を増加させる管理手法‥‥‥‥‥‥‥‥‥‥‥ 174
| 9 | 「事業者融資見込先進捗管理表」を作成する‥‥‥‥‥ 180
| 10 | 「融資必要獲得額達成活動計画表」を作成する‥‥‥‥ 181

PART6　効果的なクロージング
| 1 | 相手の理解と納得を確認してからクロージングに入る‥ 192
| 2 | クロージングを成功させるためのセールストーク‥‥‥ 194
| 3 | なかなかクロージングに結びつかないとき‥‥‥‥‥‥ 196
| 4 | 融資実行の報告とお礼訪問‥‥‥‥‥‥‥‥‥‥‥‥‥ 198

コラム1　情報の収集・提供活動の実践法‥‥‥‥‥‥‥‥‥ 58
コラム2　私が経験した現場①‥‥‥‥‥‥‥‥‥‥‥‥‥‥ 94
コラム3　私が経験した現場②‥‥‥‥‥‥‥‥‥‥‥‥‥ 106
コラム4　モチベーションを高めよう①‥‥‥‥‥‥‥‥‥ 120
コラム5　モチベーションを高めよう②‥‥‥‥‥‥‥‥‥ 152
コラム6　モチベーションを高めよう③‥‥‥‥‥‥‥‥‥ 188
コラム7　私が経験した現場③‥‥‥‥‥‥‥‥‥‥‥‥‥ 200
コラム8　私が経験した現場④‥‥‥‥‥‥‥‥‥‥‥‥‥ 202

プロローグ

なぜ
事業所開拓が
苦手なのか

1 事業所訪問が苦手な人はどうしてなのか①

●新規開拓の意気込みはあるものの成果がすぐに見えないため継続しない

　ほとんどの人は営業担当になったとき、一度は新規事業所の開拓に挑戦していると思う。しかしながら、これを定例化して日々の活動の中へ組み入れているかと言えば、はなはだ疑問である。この要因はいろいろ考えられるが、役席者が常に目先の成果を求めることを優先して、長い目で営業担当者を育てるという環境を作ってこなかったことが挙げられる。新規開拓をやらなくてもよいという風土、嫌なこと、大変なことは避けるという担当者のスタンスが許されるような環境が、それを助長しているように思える。

●新規開拓の具体的な実践手法が分からない

　新規開拓の手法は本や研修などで学んでいるとは思うが、いずれも具体性に乏しいものが多く、学んだだけでは実際の現場では役に立つことが少ないのも現実である。やはり実際に訪問していくことである。しかも成功例を学ぶことより失敗例を学習するほうが体感として身に付くようである。
　そこで、まず自分で訪問してどの場面で何をどうすれば失敗するか、あるいは失敗しないかを見極めるだけの場数を踏むことが大切となる。学んだ手法を身をもって試すことが向上への近道と言える。

●開拓活動のための行動時間が捻出できない

　「新規開拓の時間がない」という営業担当者のほとんどは「自分に負けている」と言える。「できない理由の向こう側にあるできる理由を探す」ことが行動へのスタート。特に集金を主とした定例先訪問を本務として考えている担当者は新規開拓は進まない。時間の捻出は１先当たりの訪問時間を減らせばできるはずである。営業担当者としての価値はここで分かることを十分承知しておくことである。

まとめ　事業所訪問が苦手な人はどうしてなのか①

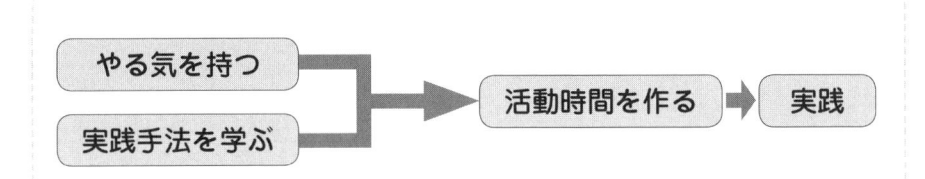

```
┌─────────────┐
│ やる気を持つ    │──┐
└─────────────┘  │   ┌──────────────┐   ┌──────┐
                 ├──▶│ 活動時間を作る │──▶│ 実践 │
┌─────────────┐  │   └──────────────┘   └──────┘
│ 実践手法を学ぶ │──┘
└─────────────┘
```

ここでのポイント！

■やる気を持つためには

　新規開拓を継続的にやる気を持って実行していくためには、目標達成のための新規開拓の必要量と行動量をリンクさせ、業績上の必然性を伴うことを自己管理の中で自覚していくことである。目標を達成するために、どのくらい訪問してどの程度見込先を持てばよいのかを考えて行動することで、自然とやる気が出てくる。

■実践手法を学ぶためには

　意識を持ったとしてもテキスト中心の学習や研修だけでは実践力はつかない。最小限の事前準備は整えた上で訪問するが、事前情報に捉われすぎないことが大切である。実際の訪問経験を積んで、現場において効果的な話法を身につけていくことがポイントとなる。

■活動時間を捻出するためには

　自分のできることから考える。今までの1先当たりの訪問時間を3分ずつ減らすなど、現状の行動パターンの工夫・改善を試みることである。時間がないなどと言っている担当者は、自らを切り拓くというスタンスが不足している。

2 事業所訪問が苦手な人はどうしてなのか②

●**新規開拓活動が店内で習慣づけられていない**

　管理者をはじめ役席者が一営業担当者のとき、新規開拓を積極的に実践していたとは限らない。新規開拓の経験の少ない管理者が多い店ほど、開拓活動が習慣化、定例化していない。

　管理者の役目として、自分の経験の多少にかかわらずしっかりした指導と管理能力の向上が必要となる。そのためには、日々の検証、確認チェックを繰り返すことによって活動の定着を図る必要がある。

●**継続訪問の手法やスタンスが確立していない**

　セールス活動では、1回目の訪問で成約できたり、事業所への訪問で最初から決算書を徴求できたりすることはほとんどない。稀にできることもあるが、この場合は逆に疑ってみるなどの注意が必要となる。

　「1回目の訪問で断られるのは当たり前」であって、何も気にすることはない。それよりも、このとき初回訪問における切り口話法がきちんとできていたかどうかがポイントとなる。できていなければさらに訓練を積み、この点が改善できたり向上すれば2回目以降の訪問は楽しくなるはずである。

　新規事業所開拓の醍醐味は、最初に断られた先に対し、段階を踏んで攻略することにある。この味を知ってこそ、営業担当者として一人前と言えるのだ。

　いずれにしても、事業所の新規開拓は継続実行が第一であり、これは自分の意志との闘いと言い換えることもできる。これを乗り越え定着化できれば、「新規開拓は苦手」とは言わなくなるはずだ。

まとめ　事業所訪問が苦手な人はどうしてなのか②

☆新規事業所開拓活動の定着化ポイント

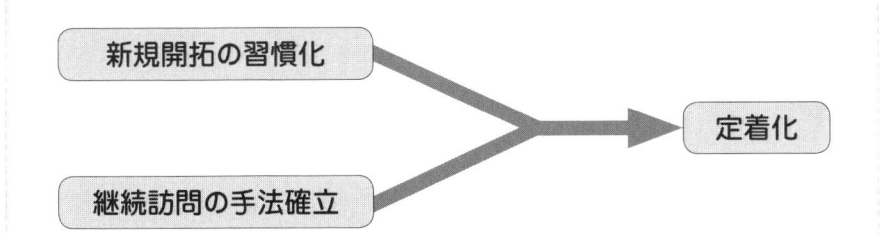

```
[新規開拓の習慣化] ┐
                  ├→ [定着化]
[継続訪問の手法確立] ┘
```

ここがポイント！

■新規開拓の習慣化のためには

　月初にその月の新規開拓スケジュールを定めて、これを確実に実行していくことである。特に訪問先数については、アバウトに設定するのではなく、目標とリンクさせながら当月の実行見込件数や金額を見て、それから割り出した必要獲得量を定めて推進していくことが必要となる。

■継続訪問の手法確立のためには

　1日の訪問先数をあまり多くせず、常時、訪問先を入れ替えることとし、20先程度を持って計画的にクロージングへのステップを考えながら訪問頻度を変えていくことがポイント。

　1先当たりの訪問時間はセリングの最終段階の訪問を除けば20分以内が適当であり、この訪問時間の組み方が継続訪問をよりスムーズにする。

③ 事業所訪問が苦手な人はどうしてなのか③

● 「何を話していいのか」ではなく「何を教えてもらうか」

　事業所訪問が苦手な人は特に「何を話すか」で戸惑うケースが多いと言う。しかし相手の身になって考えれば自ずと何を話せばよいのかが分かるはずだ。

　自分に置き換えてみれば「教えを乞う」スタンスで訪問を受けたら一番口を開きやすいのではないだろうか。営業担当者は肩ひじ張らずに業界情報や近時の経済状況、その影響などについて、教えてもらうため訪問するといった姿勢が訪問の継続性にもつながると心得よ。

● 事前準備をどうすればいいのか

　新規開拓先については、決算書などの詳細なデータがないため、企業形態、取引先状況などの定性面の情報だけである。しかしこれに加えて周辺情報や地域における風評などを集めて事前情報を増加させ訪問対象としての適格性を捉えることである。

　興信所情報などは参考としてもこれはあくまで過去または静止状態の財務内容や企業の情報であって、あまり事前に先入観念を持ちすぎないほうがベターである。事前準備を整えることは必要であるが、開拓の適格性と妥当性さえ把握していればよい。

　最も重要なのは、担当者自身が訪問して情報を発掘することでありその分析データである。

まとめ　事業所訪問が苦手な人はどうしてなのか③

☆対象先のリストアップのフロー図

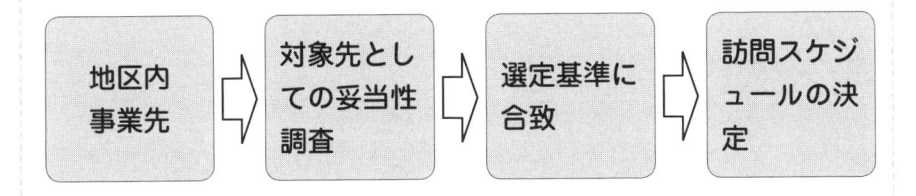

地区内事業先 ⇒ 対象先としての妥当性調査 ⇒ 選定基準に合致 ⇒ 訪問スケジュールの決定

ここがポイント！

■**先入観を持たず風評に重点を**

地域内の狭域における新規開拓で対象先を抽出する場合には、事前に先入観念を持たずに地域や業界または新聞などから得られる風評に重点を置くことである。興信所評価などは参考程度にしておき、事前に訪問先の点数のバーをあまり高くせず、自分自身の目利きに重点を置くことがポイント。

■**とにかく訪問すること**

対象先が決まったら、四の五の言わずとにかく訪問することが先決である。会社の建物イメージなどで訪問を思案したり、回避したりするなどの事前判断をしないことである。

■**かつて失敗した先も対象に入れる**

過去、新規開拓が成功しなかった先もその原因を調べて、これに対する方策が構築できれば対象先に組み入れる。

■**求人先は必ずチェック**

地区内の「求人誌」記載企業は必ず対象先とする。この先は業務拡大している先が多く、前向きな資金需要も多く考えられるため、成約率が高いと言える。

4 融資開拓活動を活性化しよう①

●まずは新規事業所開拓を定例化させる

　企業訪問はできるが新規事業所開拓が活性化できないという人もいる。大きな理由としては、新規事業所開拓が定例化していないことが挙げられる。

　この原因には、新規開拓に対する必要性への認識が乏しい、自分の仕事としての職務責任の感覚が薄い、頭で分かっていても行動として具現化する能力が不足している、などがある。

　そのための対策としては、1日の行動パターンの中心を新規開拓に無理にでも置くことである。

　人間は弱いものであり、苦しい仕事は避けようとしてしまう。こうした姿勢が開拓活動を阻害してしまうのだ。

　弱い自分に打ち勝つためには、「1日の行動パターンの中に必ず新規開拓を組み入れる」ことである。

●新規開拓に対する推進管理ができていない

　営業担当者自身の問題ばかりではない。管理者として新規開拓に対する部下の行動管理が不足しているため、推進が継続しないことも多々ある。

　上司ができないものを部下ができるわけがない。管理者を中心とする支援、協力体制が構築されていなければならない。

　したがって、部下の管理、部下自身の自己管理の方法を具体的に毎日チェックするなど時系列による検証、確認システムが必要となる。

まとめ　融資開拓活動を活性化しよう①

開拓に対する手法が未熟、訓練されていない	・継続訪問のノウハウなど開拓を地道に継続して行う手法が身についていない。 ・開拓の統一的な方法が確立していない ・新規開拓に対する実践的な教育を受けていない。

↓ 対策

成果につながる実践的な開拓手法を身につける

「お願いセールス」中心の提案もない営業スタイルは成功しない。事業所の新規開拓は相手の資金ニーズを覚醒してこそ、真の取引が生まれる。自行の将来的中心取引先として必要な先を、正攻法によって開拓する方法を身に付けなければ継続的な推進はできない。

↓ 結論

新規開拓活動の見直しへの行動スタンス

営業活動が活性化されているかどうかは、貸出事業所先数の増減推移を見れば、一目瞭然である。融資開拓による新規事業所開拓は、本務である。担当地域を持っている営業担当者は、日々の行動の中心を開拓という仕事に置き、仕事の核として考え取り組んでいくことが重要である。

営業担当者として自分の仕事に対するスタンスを考えるときに、新規開拓を仕事の核に置いていないということは、仕事の面白みを捨てていることと同じ。まず、今の毎日の行動パターンを省みて、工夫と改善をどこに加えれば仕事に興味を持てるかを考えることが必要である。そして、新規開拓がどんなに魅力ある仕事なのかを自発的に実感することである。

5 融資開拓活動を活性化しよう②

●既存取引先への融資深耕がなぜ進まないか

　既存取引先への融資深耕が進まない理由としてよく挙げられるのが、新規ニーズが見当たらないということである。しかしこれは言い逃れに過ぎない。新規の資金ニーズはどのような企業でも持っているものであり、それが顕在化していないだけなのだ。営業担当者の役割は、潜在化している資金ニーズをいかに覚醒させるかである。

　そこで、お金の流れに注目した決算書の定量面、既存取引先としての強みを生かして定性面を再度見直し、経営課題を摑むことが肝要となる。ここから、資金の必要性を呼び起こすために、企業の悩みや経営課題を解決するかたちで提案していくことである。

●メガバンク、地銀がメインで対抗できない

　よく聞く言い訳として「メガバンクや有力地銀がメインで何もできない」というものがある。

　金利、条件等の中で、自行で対抗できない要素が深耕を阻害している場合は、メインバンクが取り込みにくい「すきま融資」的な案件についての需要を探すことも有効となる。

　メインバンクの補完的な資金ニーズについて積極的に対応する旨を、経営者に予告しておくと効果がある。このとき特に大切となるのは資金使途や条件面など案件に対する弾力性と実行までのスピードである。

まとめ　融資開拓活動を活性化しよう②

> マル保、不動産担保などの保全枠が限度に達している

↓ 対策

　財務状況が良好で、信用枠の拡大に問題がないときは、プロパー融資によって他行のマル保（信用保証協会保証付融資）や不動産担保枠内の融資を肩代わりするなどして、将来的に自行への保全枠移行を意識した取組みや工夫も必要である。単発的な貸出とともに総体的な全部肩代わりも視野に入れた取扱いを考えることが大切となる。

> 査定ランクからこれ以上の融資は困難である

↓ 対策

　財務内容の改善計画の中から、資金ニーズが生まれる可能性がある。ランクアップ要因としての見地から資金の必要性のある先を再度見直し、一覧表に抽出することが有効となる。自己査定から、ランクアップが可能かどうか、ランクアップのための条件などと照らし合わせてみて、自行できる範囲であり、取組方針として前向きに対処していく考えがあるとすれば、経営改善計画の適合性などを見ながら、資金を支援していくことである。

6 融資開拓活動を活性化しよう③

　ここでは、既存取引先の深耕、維持、ランクアップの取組方法について述べたいと思う。

深耕のポイント
　まずは資金ニーズについて覚醒（経営課題の解決による提案営業）させる必要があるが、そのためのきっかけとして割引手形の持ち込みを拡大してもらうことを提案する。
　また、資金繰り表による資金ニーズの把握に努めることである。特に季節資金についてはチェックしその推進・設備計画を把握する。その際にはマル保枠を活用（空き枠利用）したり、制度融資によるアプローチなどがポイントとなる。
　一方で、他行肩代わりの推進（他金融機関融資の集約化、返済の軽減化、担保の活用化など）も積極的に提案する。

維持のポイント
　現状を維持するためには、当然のことながら他行肩代わり防止のためにも自行条件の確認（金利・担保等条件面など）が必須となる。同様に競合金融機関の動向（金利、条件アプローチ）も注視すべきで、併せて新規需資への情報収集、情報提供（業界情報、機能サービスなど）などを行う。
　そのほか、相談機能サービスの提供度アップ、自行への要望・不満の聴取なども行いたい。

ランクアップへの取組み
　（要注意先→正常先、要注意先（要管理先）→要管解除・正常先）
　ランクアップについては、経営改善計画の進捗度を確認するとともに計画

と実情の違いを時系列で把握していくことである。そこに差異があれば的確に修正案を提出する。また財務内容における改善ポイントを把握し、資金支援の必要があるのであれば積極的に対応したい。もちろん財務状況の変化の把握（定性面の変化にも留意する）にも努める必要がある。

管理者の対応

　管理者は部下との同行訪問等の支援体制を持って、行動する必要がある。
　管理者の部下指導のポイントとしては次のとおりである。

●新規開拓事業先
・部下の新規開拓訪問先はすべて把握する。
・同行訪問だけでなく、管理者独自の訪問も併せて行う複合推進を実行する。
・推進管理は、表に落として進み具合を時系列で段階を追いながら把握する。
・継続訪問のセールス手法については、同じ現場で具体的に指導する。

●既取引事業先
・事前に財務内容を確認した上で、経営上の改善ポイントを提案する営業推進方法を指導する。
・経営課題に対する支援方針、方法を明確にし、具体的に指示し、行動で支援する。
・新規融資に対する対応（金利．条件）などを事前に打ち合わせておく。

7 管理者の新規開拓スタンス

●自ら率先垂範しているか

　ここでは管理者が部下に対してどのような新規開拓活動スタンスを持てばいいのかを考えてみる。
①管理者が担当者に対して業績の向上や意識改革に向けた具体策を講じているか。
②具体策を講じても、「部下が動かない」「継続して実行ができない」ことがある。この理由について、管理者として人を動かすだけのリーダーシップがないと考えているか。
③自ら率先垂範しているか。行動力という能力に欠けていないか。
④経験だけで物事を見ていないか。新しいことに挑戦する努力や自己啓発をしているか。
⑤現状を改善しようとする試みができずに、リスクを恐れ頭と体が老体化していないか。中身がなく実力も乏しい年齢だけの管理者となっていないか。
⑥「業績の根源は情報である」という意識はあっても、情報活動への具体的な方策に欠けていないか。
⑦部下に対する行動管理、業績向上へのスタンスなどについて具体的な検証、確認を行うシステムがなく、部下を放任していないか。部下の自主性や独自性は、本来部下がなすべき行動や活動をきっちり定めこれを最低限の指針として守らせた上で認めるものである。

　管理者は以上のポイントをしっかりと認識したうえで部下指導に当たるべきである。

まとめ　管理者の新規開拓スタンス

新規開拓の取組みフロー

　基本スタンスを確立して、部下を指導すると同時に率先して新規開拓を実施する。

地域内企業をマーケットリサーチする

　担当地域内の未取引事業先をリストアップする。新規開拓の戦術を見直す。

⬇

新規開拓対象先を設けてリストアップする

　新規対象先としての妥当性を調査する。新規対象先としての選定基準を構築する。

⬇

訪問により情報収集と資金ニーズを探る

・新規開拓時間を設定する　　　・決算書の徴収に努める
・「新規事業先開拓進捗管理表」で状況を自己管理していく

⬇

計画的な訪問により資金ニーズを把握、覚醒させる

　経営上の悩みに対する解決糸口を話し合う。話の中から経営課題を把握して資金ニーズにつなげる。

⬇

資金ニーズを分析して、希望を考慮した提案を行う

PART 1
訪問先の発掘と事前準備

1 事前調査では何をすべきか

● 訪問前にまず相手を知る

　新規開拓訪問に当たって最も大切なことは、自行が将来にわたって取引するメリット（収益メリット・取引存在メリットなど）や取引価値があるかどうかを見極めることである。そのためには、相手の企業の内容（定性面、定量面）を知ることがスタートとなるが、これには事前に把握できるものと訪問によって確認できるものとがある。さらに事前情報も訪問により認識を新たにする場合もある。いずれにしろ、事前の開示情報だけに捉われずに、最小限の活きた情報を持ってそれを確認していく訪問行動が効果を早める。

● 目利きと風評調査を忘れない

　事前情報を財務データ（定量面）だけに頼りすぎて、決算書を求めることだけに注力したために、業種内容や経営者人物あるいは企業形態や取引条件などをきちんと把握しないケースも少なくない。実際の訪問前に周辺の観察を行い財務や担保などに捉われることなく企業の外見を把握しておく。
　そのためにも地域ローラー訪問を行うことである。まず、地域を面で捉えるためのローラーマップを作成し、このマップをいくつかに地区割りして、この中の企業に対して公序良俗や事前の風評などから適当と見られる先はすべて対象として訪問活動をスタートさせる。訪問によって、定性面を観察し、これをクリアしたら決算書を求める定量面への確認へ進む。どうしても取引疎遠先には行きにくいものだが、必ずこれらもリストアップする。
　実際に訪問する場合に、事前情報はできるだけ把握しておくものの過信しないことである。事前に興信所情報等により訪問基準ラインを定めてもよいが、評点のバーをあまり高くすると、資金ニーズの発掘が難しくなる。評点よりもむしろ風評を重要視することで、定性面での成長性への観察も加味され、成功する確率も高くなる。

まとめ　事前調査では何をすべきか

取引先として の妥当性 ＋ 選定基準を つくる ＝ 訪問先として 決める

ここがポイント！

①融資対象先としての妥当性の調査
　事前の調査ポイントとしては次のようなものがある。
・将来にわたって取引するメリットがあること（収益メリット、取引存在メリットなど）
・肩代わりを含めた融資ニーズ（資金需要）があること
・業種などにより、企業存在価値が社会的に認められていること（公序良俗についての検討）
・他行のお荷物的存在の会社ではないこと（破綻懸念先以下ではないこと）など

②融資対象先としての選定基準の構築
　融資対象先として、一定の選定基準を設けておく。個人商店と中小企業を同一にしない。
・年商規模を定める（例えば年商2億円以上の先）
・本社所在地が店舗の営業エリア内にあること
・将来的な発展の見込める業種、企業形態
・取引疎遠先（過去の取引先で融資のない先）も必ず新規対象先として組み入れる
・「会社要覧」などで概要が判明している先

② 訪問時の着眼ポイントと心構え

●決算書入手はどう行うのか

　新規開拓訪問を行うに当たり、会社要覧、興信所情報（TSR等）などあらかじめ調査できる範囲で定量面の財務データを中心に事前情報を捉えていくが、これに捉われすぎてもいけない。まず当該企業の周辺の風評などを把握し、実際訪問しても定性面を中心とした聞き取りを行うことである。そこで取引の妥当性を確認してから定量面の調査に進むようにする。

　次に、定性面と定量面の情報から企業の問題点や長所・短所を摑む。

①定性面（マーケティングの分析により将来的な企業の方向性）を見る→特に業歴の浅い先は定性面を重視
・企業の経営システムの把握（経営資源のヒト・モノ・カネを捉える）
・製品・商品の内容と特徴、販売方法、流通システム、価格、競争力、経営計画・経営者のビジョン等を確認

②定量面（マーケティングの結果としての財務データ）を見る→業歴の長い先は定量面を重視
・財務データの中から、収益性、安全性、成長性の財務データを見て、各項目について該当業種の代表的経営指標を確認
・TKC経営指標、中小企業の経営指標を参考に概略的な財務水準を把握（売上高、売上原価、人件費・労務費、賃借料、営業外費用（支払利息・割引料）など財務水準から企業の融資ニーズを摑む）

③キャッシュフロー計算書から企業全体の事業活動のお金の動きを見て、正常に回転しているかを調査
・営業活動によるキャッシュフロー＝企業本来の事業活動による資金獲得能力（税引前利益が大きければ大きくなる）
・投資活動によるキャッシュフロー＝将来の収益・資金獲得のための投資活動
・財務活動によるキャッシュフロー＝資金の調達・返済の状況を示す

まとめ　訪問時の着眼ポイントと心構え

■新規開拓訪問先

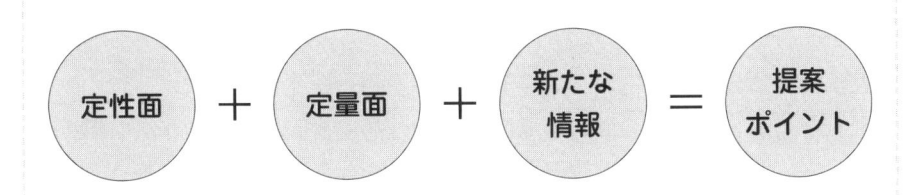

(定性面) ＋ (定量面) ＋ (新たな情報) ＝ (提案ポイント)

■既取引先

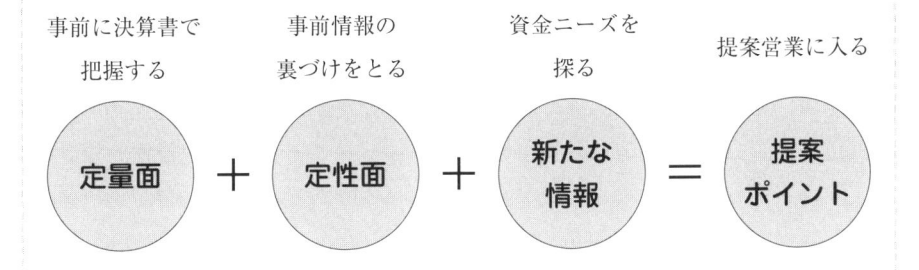

事前に決算書で把握する　　事前情報の裏づけをとる　　資金ニーズを探る　　提案営業に入る

(定量面) ＋ (定性面) ＋ (新たな情報) ＝ (提案ポイント)

ここがポイント！

　新規開拓訪問先と既取引先とでは訪問にも事前情報の質や量などの持ち方に差がある。新規開拓先では、まず定性面の情報から取引するメリットを探した後、定量面である決算書を求めていく。既取引先はすでに決算書を徴求してあるため、定量面確認の後、定性面について経営状況や環境を確認するようにする。

③ 訪問適格対象先としての見極めポイント

●入手情報の分析（定性面、定量面）から訪問対象先を選ぶ

　事前情報から各企業の問題の原因、長所の構成要因などを分析し、課題を見つけて、融資対応で自行が取り組むことのできる状況にある企業かどうかを見極め、管理者の承認を得て対象先を選定する。

　具体的には次のポイントをチェックする。
①正常先から要注意先の範囲で、資金ニーズが見られ、担保力、保証協会枠などを考慮するとともに、目利きを含め融資対応が可能と見られる先
②他金融機関のメイン先で、一部あるいは全部肩代わりを視野に入れながら、融資の増加ニーズへの対応が可能と見られる先
③現在多少内容が悪くても原因がはっきりしており、一時的な停滞と考えられ、今後の融資対応により課題が軽減あるいは解消するなど、資金繰り等によって改善が見込まれる先
④財務内容に致命的欠陥（財務清算価値がない、大幅な債務超過、破綻懸念先以下など）がなく、その企業の将来的な展望が経営改善など整合的な計画を行うことにより十分認識でき、一定のリスクを負っても支援しようとする先

まとめ　訪問適格対象先としての見極めポイント

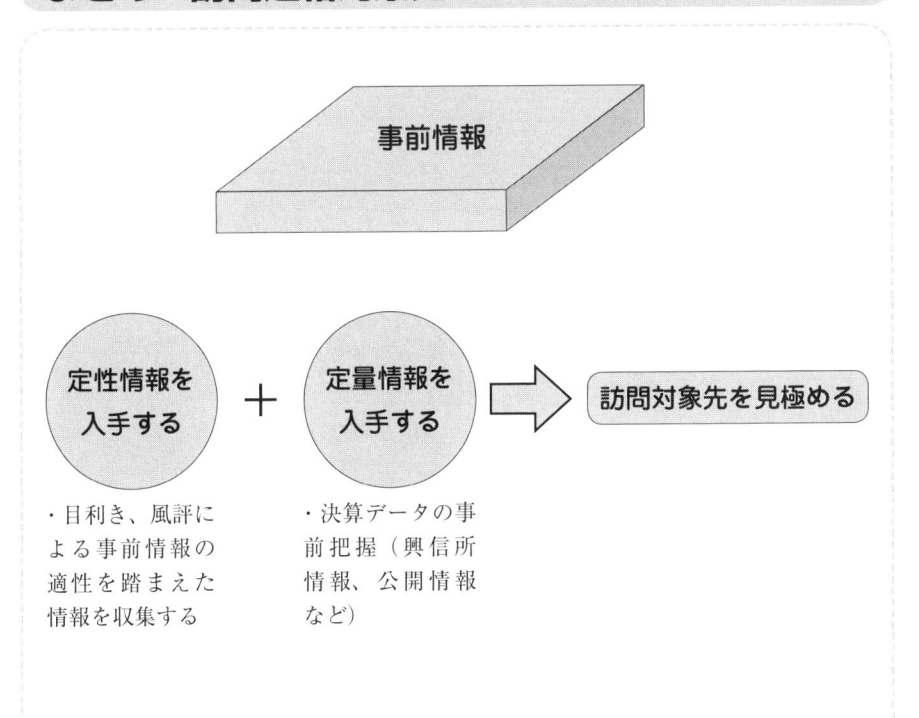

事前情報

定性情報を入手する ＋ 定量情報を入手する ⇒ 訪問対象先を見極める

・目利き、風評による事前情報の適性を踏まえた情報を収集する

・決算データの事前把握（興信所情報、公開情報など）

ここがポイント！

新規開拓訪問の対象外とする企業は次のとおり。
㋐破綻懸念先以下（要注意先のうち、要管理先については自行判断が主となる）
㋑担保・保証協会などリスク補完がなく、自行のリスクが大きく融資対応が不可能と見られる先
㋒経営者自身の考え方や経営体質から、自行が取り組む価値が希薄と見られる先
㋓公序良俗から見て対象とならない業種、風評に問題のある先

4 訪問前に準備すべきポイント

●事前に入手した情報に基づいて訪問時の聞き取りポイントを準備

　事前に入手した情報を確認しながら、これから派生する情報、あるいは全く新たな情報などを多面的に把握していくことがポイントとなる。
　例えば、「業種別貸出審査辞典」（金融財政事情研究会刊）、「融資渉外ガイド」（銀行研修社刊）や経済誌などから、最近の業界動向を頭に入れて訪問する。

　訪問先で確認すべきポイントは次のとおり。
①取扱商品や製品（どのような商品を扱っているか、生産工程）
・技術を聞く（製品の特徴や、特許など）
・職場環境を見る（社内の様子、整理整頓、工場の設備環境など）
・従業員の様子を見る（労働環境、身だしなみ、意欲など）
・経営者から経営計画に基づくビジョンを聞く
②自行がほしい情報と経営者がほしい情報を整理する
・新商品企画、業界の方向性、企業の特色、強み、人員計画（人材採用）、工場移転計画、後継問題、出店計画、設備増設計画など

まとめ　訪問前に準備すべきポイント

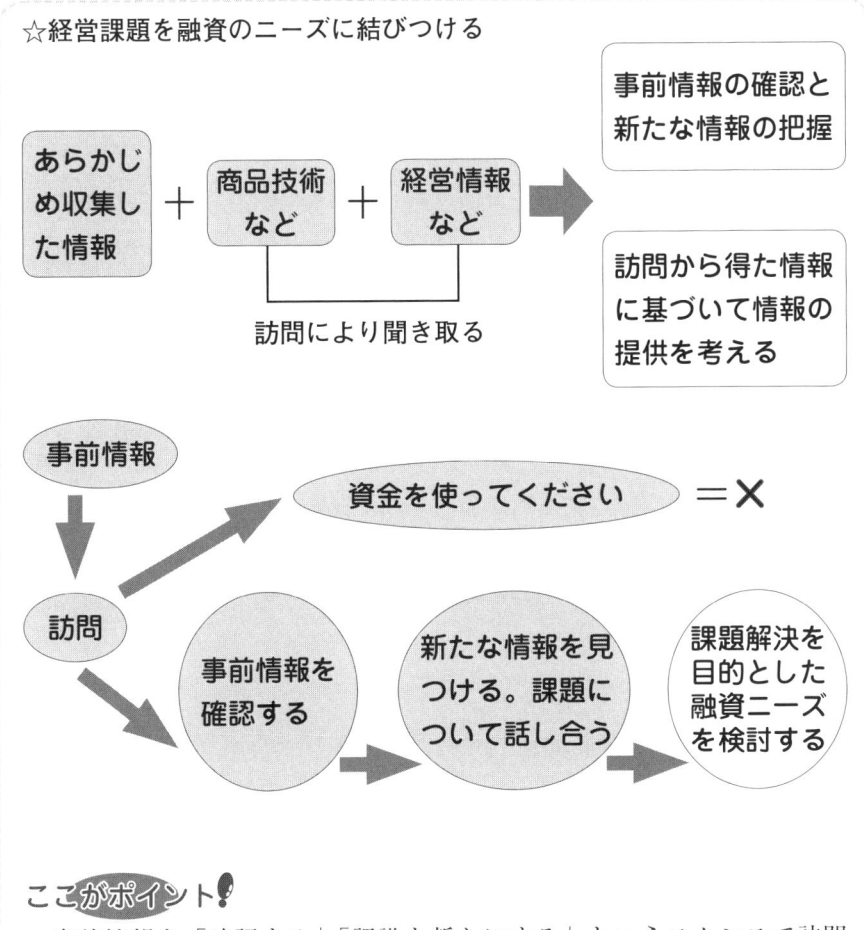

☆経営課題を融資のニーズに結びつける

あらかじめ収集した情報　＋　商品技術など　＋　経営情報など　→　事前情報の確認と新たな情報の把握

商品技術など・経営情報などは訪問により聞き取る

訪問から得た情報に基づいて情報の提供を考える

事前情報　→　資金を使ってください　＝　✕

訪問　→　事前情報を確認する　→　新たな情報を見つける。課題について話し合う　→　課題解決を目的とした融資ニーズを検討する

ここがポイント！

・事前情報を「確認する」「認識を新たにする」というスタンスで訪問すること。
・話法においては「～ですか？」という質問形式は多用しないこと。「～ですね」というかたちでの念押し的な話法が自行の取引開始への熱意が伝わりやすい。
・経営課題から提案企業に勧めるフレーズを常に頭に入れておくこと。

5 定量面で参考にすべき主な財務データ

●**内訳書を含んだ決算書を徴求する**

入手情報で最も重要なのが定量面を示す決算書である。ただし新規開拓訪問では初めから決算書を求めることはいろいろなリスクがあるため、まず定性面の観察によって取引の対象先としての適合性を見てから税務署へ提出した内訳書を含んだ決算書を徴求しデータ分析を行い、定量面の確認を行う。

収益性分析

収益獲得状況・収益体質を見る（現在の利益状況、将来的な収益力を測る）

①**総資本経常利益率**→企業活動に投下された総資本と利益の割合を示す。利回りの程度を見る

イ**売上高経常利益率（％）** $= \dfrac{経常利益}{売上高} \times 100$

ロ**総資本回転率（回／年）** $= \dfrac{売上高}{総資本}$

総資本経常利益率に対して増減幅がどのように影響しているか時系列の比較によって見る。

②**売上原価率（％）** $= \dfrac{売上原価}{売上高} \times 100$

売上高に対する仕入原価、製造原価の割合を示している。販売、製造活動の適合性や効率性を判断する。

③**人件費率（％）** $= \dfrac{人件費}{売上高} \times 100$

売上高に対する人件費の割合を示している。販売費・一般管理費に占めるウエイトで見る。

④**金融費用負担率（％）** $= \dfrac{支払利息・割引率－受取利息}{売上高} \times 100$

売上高に対する金融費用の負担の割合を示している。経常利益に直接影響するので注意する。

⑤**流動資産回転率（回）** $= \dfrac{売上高}{流動資産}$

流動資産と売上高の対比により短期の企業活動への活用度を判断する。

⑥固定資産回転率(回) ＝ $\frac{売上高}{固定資産}$

　固定資産が売上高に比べてどのくらい企業活動に有効活用されているかを判断する。

安全性分析

　支払能力・資金力・資金体質を見る(現在の支払能力、資金のバランス、将来的な資金需要を測る)

①流動比率(％) ＝ $\frac{流動資産}{流動負債}$ ×100

　短期間で支払うべき流動負債に対して、これを賄うべき流動資産がどのくらいあるかを示している。

②主要勘定の回転期間→科目間を相互比較して関連性を見る。各勘定と平均月商を比較する

③当座比率(％) ＝ $\frac{当座資産}{流動負債}$ ×100

　流動負債を当座資産で支払う能力がどのくらいあるかを見る。

④現預金比率(％) ＝ $\frac{現金・預金}{流動負債}$ ×100

　流動負債に対しすぐに支払える現金・預金がどのくらいあるかを見る。

成長性分析

　企業の能率・成果の分配を見る(企業の経営資源の効率と、投下に対する成果物をどのように分配しているかを測る)

①付加価値額→企業活動を通して、企業が新たに生み出した価値として捉えたもので、利益より範囲の広い見方

(日銀方式)　付加価値額＝経常利益＋人件費＋金融費用＋賃借料＋租税公課＋減価償却費

②労働生産性(円) ＝ $\frac{付加価値額}{従業員数}$

　従業員1人当たりの付加価値額を示したもので高いほど能率が高いことを示す。

③労働分配率(％) ＝ $\frac{人件費}{付加価値額}$ ×100

　付加価値額に対する人件費の割合を示す。付加価値が少ないと高くなるため、この数値が高くても必ずしも賃金水準が高いというわけではない。

6 定量面から見る収益性の判断ポイント

総資本経常利益率
- 現在の水準を判定する
- 前3期の比較で良化・悪化の傾向から利益状況の方向性を見る
- 前3期の動きを見て、総資本経常利益率の良化・悪化に影響を与えている要因を掴む

↓

総資本回転率 / **売上高経常利益率**

売上高経常利益率の影響が大きいとき
売上原価率、販売費・一般管理費比率、営業外費用比率などを見て、前3期を比べて影響の大きいものを把握する

売上原価率の影響が大きいとき
総製造費用（材料費、労務費、製造経費）、製造原価について前3期を比べて動きを把握する

販売費・一般管理費比率の影響が大きいとき
人件費、減価償却費について前3期を比べる

総資本回転率の影響が大きいとき
流動資産回転率と固定資産回転率を見て、前3期を比べて変化の幅を見る

流動資産回転率の変化が大きいとき
売上債権回転率、棚卸資産回転率について前3期を比べて変化の幅を見る

固定資産回転率の変化が大きいとき
有形固定資産回転率について前3期を比べて変化の幅を見る

まとめ　定量面から見る収益性の判断ポイント

☆収益性実数分析の見方

```
┌──────────────┐          ┌──────────────┐
│ 固定費、変動費 │          │ 費用を分解して │
└──────────────┘          │ 要因を把握する │
       ↓                   └──────────────┘
┌──────────────┐                  ↑
│損益分岐点売上高を見る│          固定費、変動
└──────────────┘          費から改善の
       ↓                   可能性を探る
┌──────────────┐   →    ┌──────────────┐
│損益分岐点売上高と実際の│    │損益分岐点を下回っている│
│売上高の相違の幅を見る │    │場合は、その原因と今後の│
└──────────────┘          │傾向を把握する       │
                           └──────────────┘
```

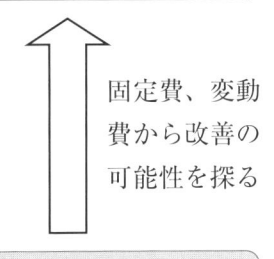

■融資経験のない営業担当者

　融資係としての経験がなくても、事業所の新規開拓は十分できる。このような営業担当者に必要なことは、決算書の見方のポイントを把握しておくこと。決算書を見る場合、比率分析、実数分析から企業の財務の方向性が上を向いているか下を向いているかを見分けることができればよい。

　自分が開拓しようとしている先の大まかな財務体質を事前に頭に入れておくことで、訪問の軸足をどこに置いてどのようなセールストークが必要かを設定して訪問することができる。これにより相手のニーズを覚醒させたり、需要に近づくことができる。

7 定量面から見る安全性の判断ポイント

●安全性～支払能力の見方

> 流動比率

前3期の動きを見る。

> 当座比率

流動比率と比較して見る。動きが相反している場合は、棚卸資産の影響が大きいと考えられる。

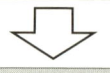

> 売上債権回転期間
> 棚卸資産回転期間

前3期の動きを把握する。流動比率が改善していても、回転期間が延びて残高が増加している場合もあるので留意する。

> 現預金比率

流動負債に対して、すぐに支払うことのできる現金・預金がどのくらいあるかを前3期の状況で見る。

●長期の安全性～資金繰りの安定度の見方

> 固定長期適合率

前3期の水準を見て、長期資金の運用と調達のバランスを捉え、適合性を見る。

> 自己資本比率

前3期の水準を見て、資金調達の安定度を捉える。

● 安全性の実数分析～運転資金需要のケース

```
┌─────────────────────────────────────┐
│ 売上債権と棚卸資産の残高、仕入債務残高を見る │
└─────────────────────────────────────┘
      同時に各残高の平均月商対比割合を見る
                  ⬇
┌─────────────────────────────────────┐
│   前期対比で運転資金の需要増加額を見る    │
└─────────────────────────────────────┘
                  ⬇
┌─────────────────────────────────────┐
│ 運転資金需要増加額の中身を分け、売上高と比較する │
└─────────────────────────────────────┘
          ・増加運転資金／補塡運転資金
                  ⬇
┌─────────────────────────────────────┐
│     運転資金の需要増加の原因を把握する     │
└─────────────────────────────────────┘
```

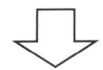

● 自己査定における営業担当者のスタンス

　融資係経験の有無にかかわらず、自己査定時において営業担当者が積極的に財務分析や企業概況表の作成に取り組むことが、担当者自身にとって大きな学習となり成長を促すことになる。自己査定時にコピー係などをやっているようでは、成長・発展は遅れる。少なくとも自分が担当している企業については、責任を持って自ら仕上げるだけの意欲を持ちたい。

　自己査定の仕事に前向きに参画することによって、企業の悩みや課題、強みや弱みを把握することができ、次回の融資ニーズ発掘の糸口を見つけることができる。

8 定量面から見る成長性・生産性の判断ポイント

●企業の財務体質（定量面）の見方

| 付加価値額を算出する | 企業が自ら生み出した価値。利益より広い範囲で収益状況を見る。 |

⬇

| 労働生産性を算出する | 従業員1人当たりの付加価値額が高いほど能率が高いことを示す。 |

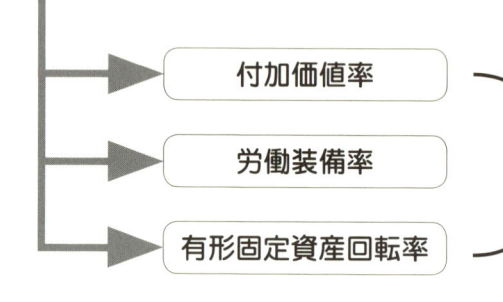

→ 付加価値率
→ 労働装備率
→ 有形固定資産回転率

前3期を比べて、労働生産性に影響を与えている要因を把握する。

| 労働分配率 | 企業から生み出された付加価値額が、どのように分配されたかを、人件費を通して労働分配率として見る。 |

まとめ　定量面から見る成長性・生産性の判断ポイント

☆成長性における望ましい企業体質

高水準の賃金を支払っている

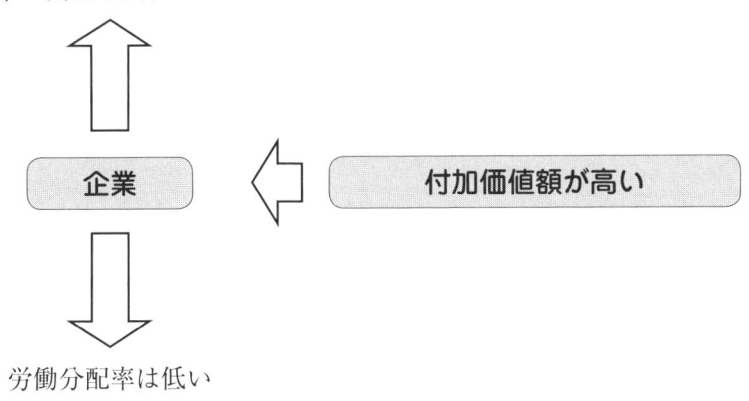

↑

企業 ← 付加価値額が高い

↓

労働分配率は低い

ここがポイント！

　財務データは一定時期の業績報告書であるとともに、企業の将来的な方向性を見極める要因が数多く内在している。融資はあくまで企業の今後の経済活動から生まれる返済財源があってこそ取り組むことができるものであり、過去のデータがどんなに良好であっても、将来にわたる安定した経営が見通せなければ対応はできない。このため訪問先では、活きた企業体質を把握することが重要となってくる。

　清算価値がある、保全が確保できているといった背景や要因だけでは、新規開拓による融資取組みは避けるべきである。目先の融資取引に捉われることなく、自行にとって今後中心的な取引先へと成長できる可能性を求めて、良好な開拓先を探していくスタンスを持つことが大切である。

9 定性面をどう観察するか

●本格的な開拓は1～3回訪問後

　事業所の新規開拓にあたって、訪問してすぐに決算書を求めることは避けるべきである。自行の取引対象先としての見極めがまだできていない段階で、経営に不安要素が内在する企業を抱えることになる危険性や、決算書を求めることによって相手先に取引開始を前提としていると受け取られる可能性があるためだ。

　新規取引対象先として継続して推進していくには、取引の適合性や妥当性について、まず初めの1～3回の訪問時において定性面を細かく観察して見極め、その後本格的な開拓に入ることが望ましい。

　その際の注意点としては次のとおりである。
①感性のアンテナを高く持って面談者のちょっとした言葉や動作をインプットするくせをつけるようにする
②定性面の話は、「ヒト・モノ・カネ」をバランスよく聞き取る。業界の動向・見通しや商品の流れ、経営の手法やお金の回収・支払条件、取引先のレベル・内容などについて、バリエーションをもっていろいろな角度からのヒアリングを心掛ける
③面談者は代表者か実権者と限定して訪問することで定性面の観察が効率よく正確にできる
④企業の悩みや経営課題、あるいは強みや弱みなど把握した内容について表にまとめ整理しておくことで提案営業の展開が容易となる

まとめ　定性面をどう観察するか

① 取引の適合性を見る

訪問前の定性面の観察ポイント

■業者間の風評、技術や商品のレベル、特色、販売力や販売地区、地域での評判などは、事前に多方面から調査しておくことが望ましい。

■これは、訪問の適合性を確認するとともに、セールス時の心得として本気で取り組んでいる姿勢を相手に伝えることになる。ただし、具体的な内容については必要以上に話さないこと。調査したことをすべて話すことは逆効果となりやすい。

② 企業体質をチェックする

訪問時の観察ポイント

■会社の建物や設備、整理整頓の状況や自動車の稼働状況などを観察して、経営者がどの程度会社内に目配りをしているかを観察する。

■社員の応対態度、あいさつ、身だしなみ、清潔度などから企業のガバナンス状況を見る。経営者の経営ビジョンや姿勢が社員にきっちり伝わっているかどうかが分かる。

③ 取引の可能性の幅を広げる

定性面の感性を高める

■データ良好先だけに限って訪問することは簡単だが、このような先だけを抽出しても事業所開拓は成功しない。とりわけ、財務内容の良い先は、メインバンクとの間で十分な資金調達や有利な条件によって取引しているケースが多く、容易には自行の入り込むスキマを見付けられないことが一般的である。このような先は、定性面からの切り崩しが提案営業に結びつく可能性も少なくないため、まず、定性面の感性の向上を図っていくことが肝要である。

10 新規開拓先の目のつけどころ

　経営者と会話をしていくうちに資金ニーズが浮き出てくることがある。企業が、次のような状況にあるときには、注意して見ておくとよい。

●資金ニーズのある先を見抜く方法
①事前において最も有効な方法
・地域の人材募集雑誌掲載企業、新規の社員・アルバイト募集先は、企業の発展過程でのバロメータとして捉えることができるため、資金ニーズがある可能性が高く成約率もアップすると考えられる
②訪問においての有効策
・事業拡大に資する情報＝販路拡大や営業拠点拡大
・その他の情報＝人材育成、能力アップ
・合理化、効率化に関する情報＝人件費、物件費などのコスト削減

●決算書がなくても分かる財務良好先
○面談による観察ポイント
・売上推移の聴取、申告税額の聞き取り、会社が所有物件か賃借か、新入社員の有無、社員の定着率
・定性面で観察するべきポイントは、業歴、将来の事業計画、後継者の有無、経営者の計数分析能力や事業への展望などであり、財務の大まかな状態を推測することができる

　セールストーク例

営業担当者「社長様のところのご発展はすばらしいですね。税金のお支払いもさぞ大きいでしょうね」
社　長「いや、税金なんて支払ったことがないよ」

→真意を確かめたうえで訪問を再考する
営業担当者「社員の方の平均年齢は高そうですが、皆さん長くお勤めなんでしょうね。若い方の求人はどうされていますか」
社　長「年寄りばっかりだけど、20年以上勤めてくれる人たちが多いよ。若い人も順次入ってきてくれて助かるよ」
→積極的に推進する

● データだけに頼らない風評の重要性
　データだけでは中小零細企業の良的要素は捉えられないため、定性面での付加価値要因を見逃しやすい。
・業者間の風評、地域での評判、業歴、経営者履歴、経営者家族状況、経営者資産を大まかに把握する（これらに問題がなければ、まずデフォルトに陥ることは少ない）
・事前情報に頼りすぎるとチャンスは自ら潰すことになりかねない
・未取引先は、「まず訪問する」ことからスタートする。定性面からチャンスを見つけることが大切である

● 抽出における失敗例
①データ良好先に限ると新規開拓の幅が狭くなり、実績上も伸展しない
・訪問しても相手にされない（他の金融機関が自行より数段上の良い条件で取引をしている）
・自行の入り込むスキマがない（アドバイス機能、相談機能などで劣る）
・義理で取引を開始しても、金利・条件でメガバンクなどに勝てず、収益上プラスにならない
②簡単な先だけを抽出しても、事業所開拓の意義と継続性、あるいは仕事としてのやり甲斐に欠ける

11 新規開拓のための行動計画の考え方

●新規開拓のための時間を作る

新規開拓を定例化するには、新規開拓のための時間を作る必要がある。

そこで、現在の行動パターンを改善、工夫して1日の行動スケジュールに必ず新規開拓を組み込むようにすることが肝要である。

```
          集金・サービス訪問を効率化させる
                      ↑
  ┌──────────┐    ┌──────┐    ┌──────────┐
  │ 1日2時間の │ ← │行動パターン│ → │ 1先当たりの │
  │  新規活動  │    │  の改善  │    │面談時間を減らす│
  └──────────┘    └──────┘    └──────────┘
                      ↓
                管理者の率先垂範
                      ↓
                管理者自身の自己管理
                      
                部下の行動管理
```

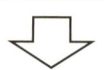

- 1日2時間の新規活動
  ・午前中最低2時間は、新規開拓および、これに付帯する継続活動とする。

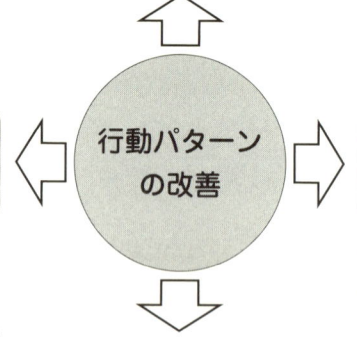

- 1先当たりの面談時間を減らす
  （例）
  ・1先当たりの面談時間を3分減らす。
  ・面談内容はポイントを絞って訪問する。
  ・面談効率を上げるため、在宅時を見極めて訪問する。

PART1　訪問先の発掘と事前調査

まとめ　新規開拓のための行動計画の考え方

1日の行動パターンを改善する
■営業担当者の行動パターンの改善例

[従来]

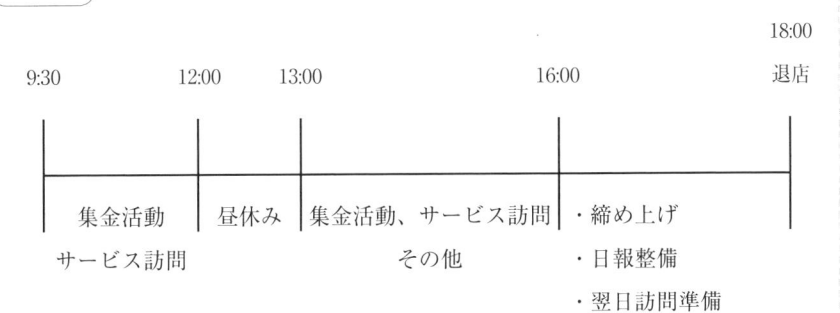

9:30	12:00	13:00	16:00	18:00 退店
集金活動 サービス訪問	昼休み	集金活動、サービス訪問 その他	・締め上げ ・日報整備 ・翌日訪問準備	

[改善]

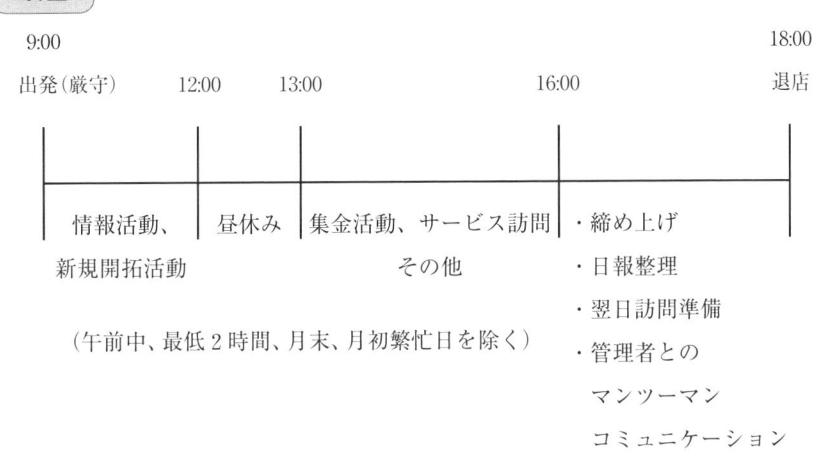

9:00 出発(厳守)	12:00	13:00	16:00	18:00 退店
情報活動、 新規開拓活動 (午前中、最低2時間、月末、月初繁忙日を除く)	昼休み	集金活動、サービス訪問 その他	・締め上げ ・日報整理 ・翌日訪問準備 ・管理者との マンツーマン コミュニケーション	

※上記の集金活動とは、定例先への日常的な訪問を含んだ活動のこと。

12 新規需要の喚起と提案セールスの実行

● 「資金はいらない先」への新規需資の喚起方法

　訪問したとしても、「資金はいらない」と言われることが多々ある。このようなときにはどのように推進していけばいいのだろうか。また資金をいらないという先に対し資金ニーズを覚醒させるにはどうしたらいいのだろうか。

　まず、事業計画の将来資金の前倒し実行を提案してみる。決算書から経常資金によるキャッシュフロー余裕化、季節資金先取りなども考えられる。

　例えば他行保証協会保証付融資のプロパーへの肩代わり（保証料分の軽減）などである。手貸の証貸化や証貸の手貸化など様々考えられる。他行融資の一本化、返済期間の変更による月返済額の軽減、低金利融資の肩代わりなども念頭に置きながら推進したい。

　そのほか、代表者、家族の個人融資の肩代わりを念頭に個人融資に関する資金需要を聴き取るなど、法人・個人合わせた推進が必要である。

● 「お願いセールス」はありがとうとは言われない

　注意しなければならないのは、融資セールスは預金セールスと違い「お願いセールス」は通用しないということである。当然ながら融資は利息を顧客が払うため、必要性のない金を借りることはない。融資における「お願いセールス」は顧客に負担を強いるものとなってしまう。このようなセールス姿勢では、顧客から「ありがとう」と言われることもない。

　顧客から「借りたい」と言わせなければ融資セールスは成功しないのである。ただし、金利だけでのセールスは真のセールスではない。将来的な取引の拡大も期待できない。

　セールスとは「自分の意志を顧客に伝え、理解と納得の中で相互の利益を図る手段」である。セールストークの中で、「借りてほしい」ではなく、相手から「借りたい」の言葉を引き出すことである。

まとめ　新規需要の喚起と提案セールスの実行

☆セールスのタイミングとそのポイント

■面談内容から提案課題を見つける

　面談のポイント（ケースバイケースだが、最初の2～3分は話題も膨らむ）は次のとおり。
・面談の最初から融資の話はしないほうがベター。雑談から情報を得ることも多く、継続訪問に役立つ。
・初回訪問では自分の時間やペースで話をしないこと。相手が多忙の様子のときはすぐ察して辞すること。
・事前にその日の話のポイントを頭の中で整理しておく。相手の質問を想定した対応話法や具体策も準備する。
・興味を持たせる情報提供が効果的。その時々の時節に即したタイムリーな話題から入ることが有効で、例えば既取引金融機関の「金利の変更」などの話題が会話の中で出たのであれば次回訪問の情報提供につなげる。

☆新規融資開拓は「資金はいらない」からスタートする

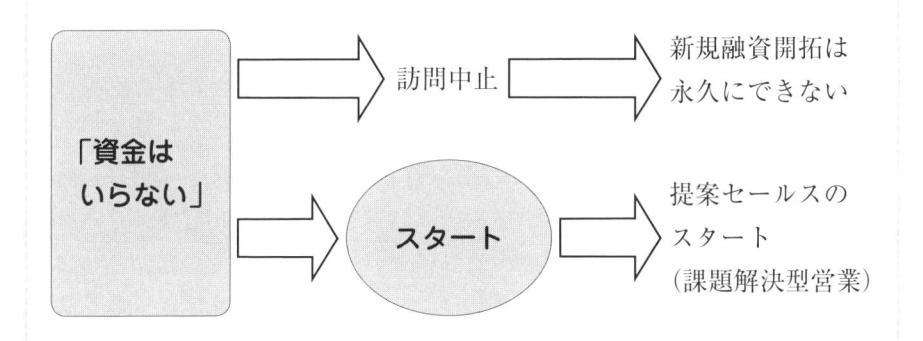

「資金はいらない」 → 訪問中止 → 新規融資開拓は永久にできない

「資金はいらない」 → スタート → 提案セールスのスタート（課題解決型営業）

13 自己都合の提案は成功しない

●**新規開拓をしなくても苦情はこない**

　新規開拓はあくまで自己都合の仕事であり、必ずしも相手が望んでいるとは限らない。したがって、新規開拓をしなくても苦情はこないものである。この点をしっかり認識し、次の点に注意して提案活動を行いたい。
①相手にメリットを与える提案であること（金利、担保、返済額などの軽減、キャッシュフロー余裕化等）
②既往取引金融機関への不満や不平をよく聞く（自行ではできない無理な提案をすることのないように）
③提案は数値で具体的に示す（現在の借入状況や財務内容を事前に聴取）
　提案するときには、具体性を持たせることがポイントとなる（最終的にはそのうちの一部でも獲得できる可能性が高い）。
④１本だけの融資は魅力に乏しく新規メリットも少ないため、借入全体を勘案した総合的な提案を行う
⑤提案をそのまま受け入れることを強要しないこと。まず自行の最大要望の提案を出して徐々に溝を埋めていく。取引を始めてもらうのが目的であり、取引開始後に拡大していくのがコツ
⑥数値の提案は２～３通り準備しておくのが最も効果的。ただし提案種類は多くても少なくても、相手の選定を遅らせる要因ともなることに注意
　提案を行った後は、顧客の反応を見極める必要がある。例えば提案に対する返事をいつまでにもらう、返答がない場合はその理由を聴取する、内容に不満があるようであれば補完できる内容に変え再提出を行う。ただし、自行の提案を「既往取引金融機関に知らせない」約束を必ず取り付けておくことである。また、将来のメイン化を目指すために個人や家族へのセールスも行いたいところだが、取引目的が分散することにもなりかねないので、最初は企業と個人とをミックスしたセールスはやめておくことである。

まとめ　自己都合の提案は成功しない

☆提案を示してセールスすることが相手の興味をひく

お願いセールス	⇒ ×	預金と同じ方法のセールスは、新規融資開拓には通用しない。
御用聞きセールス	⇒ ×	資金ニーズを引き出さない限り、財務内容の良質な企業は振り向かない。逆に御用聞きで振り向く企業は取引へのリスクが高いと考えられる。
提案セールス	⇒ ○	新規開拓には経営環境を捉えた「課題解決型提案営業」が最も効果が高いと考えてよい。資金のいらない先へのセールスは相手の関心を引き、ニーズを覚醒させることが最大のポイント。

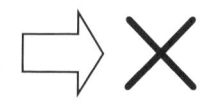

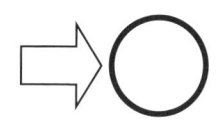

14 対象企業の課題（切り込みポイント）の見つけ方

●定量面の分析により具体的な課題を聞き取る

　事前情報で得た定量面、定性面について経営者との面談で事実確認を行い、企業実態を把握する。特に定量面での分析に基づいて、具体的な課題を聞き取ることが重要となる。

　例えば、次のようなことである。

①売上高が伸び悩み低下している→商品が時流に乗っていない→**商品開発資金**

②売上原価（生産コスト）が高く利益を圧迫→設備の老朽化→**設備更新資金**

③人件費・労務費が売上高に比較して多い→機械化、合理化の遅れ→**省力化資金**

④賃借料が指標の平均値より多い→借地→**自社物件購入資金**

⑤営業外費用（支払利息、割引料）が指標より多い→高金利による借入→**肩代わり資金（損益計算書上から）**

⑥売上総利益が低い→仕入資金が長期の支払手形→**仕入資金としての長期運転資金（貸借対照表上から）**

⑦機械、工具、備品の残高が少ない→減価償却が進んでいる→**機械設備資金**

　次に、定性面での分析に基づいて具体的な課題を聞き取る。この際には経営システムや主要販売先、主要仕入先を確認するのがポイントとなる。

　主要販売先の財務内容・体力、主要仕入先の財務内容、主要販売先の取引の安定度（量）、主要仕入先との仕入条件・取引条件（回収方法や回収サイト）などが該当する。

　これらの情報をまとめ、提案ポイントを見極めていくことが必要である。

まとめ　対象企業の課題(切り込みポイント)の見つけ方

☆訪問先企業の経営課題を資金ニーズに結びつける

```
┌─────────┐      ┌─────────┐      ┌─────────┐
│ 経営課題 │  ⇒  │資金ニーズ│  =  │ 提案営業 │
└─────────┘      └─────────┘      └─────────┘
```

・定量面での課題
・定性面での課題

・資金ニーズだけに目を奪われることなく、総合的な視野で経営を捉える。
・資金ニーズへの対応については、融資条件との兼ね合いを考えながら話を進める。

ここがポイント

　経営課題がそのまま資金ニーズに結びつかない場合も多い。したがって、すべてをすぐに融資につなげようとする早急な姿勢は相手に好まれないのは当然である。

　資金ニーズがどこで発生するか、または派生してくるかを見極めながら、話を展開していくことが成果につながる。

15 経営課題の捕捉テクニック

●企業の悩みを融資ニーズに昇華させる

　事前情報から経営上の課題をあらかじめ想定しても、これを真正面からぶつけるのではなく経営者との話の中から確認していき、裏づけをとるかたちで話を進めるのがコツである。

　企業の悩みを経営課題として捉えて、悩みや課題の原因や要因について具体的に聞き取り、これを融資ニーズに昇華させる。

　課題解決の方法を融資に結びつけることが目的であるが、これを直接的にセールスするのではなく、他金融機関の情報把握状況や取引状況、取組姿勢などを聞いて、自行への要望というかたちでニーズを引き出す。これにより他金融機関に先駆けて金利や条件面において有利な融資対応ができる可能性が高まる。

●「支援する」というかたちはとらない

　ここで注意すべきは、極力、支援するという姿勢は排除することである。対象先の中には収益を上げている企業もあり、こうした企業では今後の経営課題や展開に対する融資ニーズが中心となるため、決して支援というかたちは必要としていない。

　改善を必要としている企業ではまた状況が異なる。この場合は、企業再生のための融資ニーズということになるのだが、それでも支援というより、「ともに考えてお手伝いをする」というスタンスが好ましい。

　気持ちの持ち方の問題ではあるが、融資を「やってやる」ではなく「お手伝いさせていただく」ことを旨とすべきである。

まとめ　経営課題の捕捉テクニック

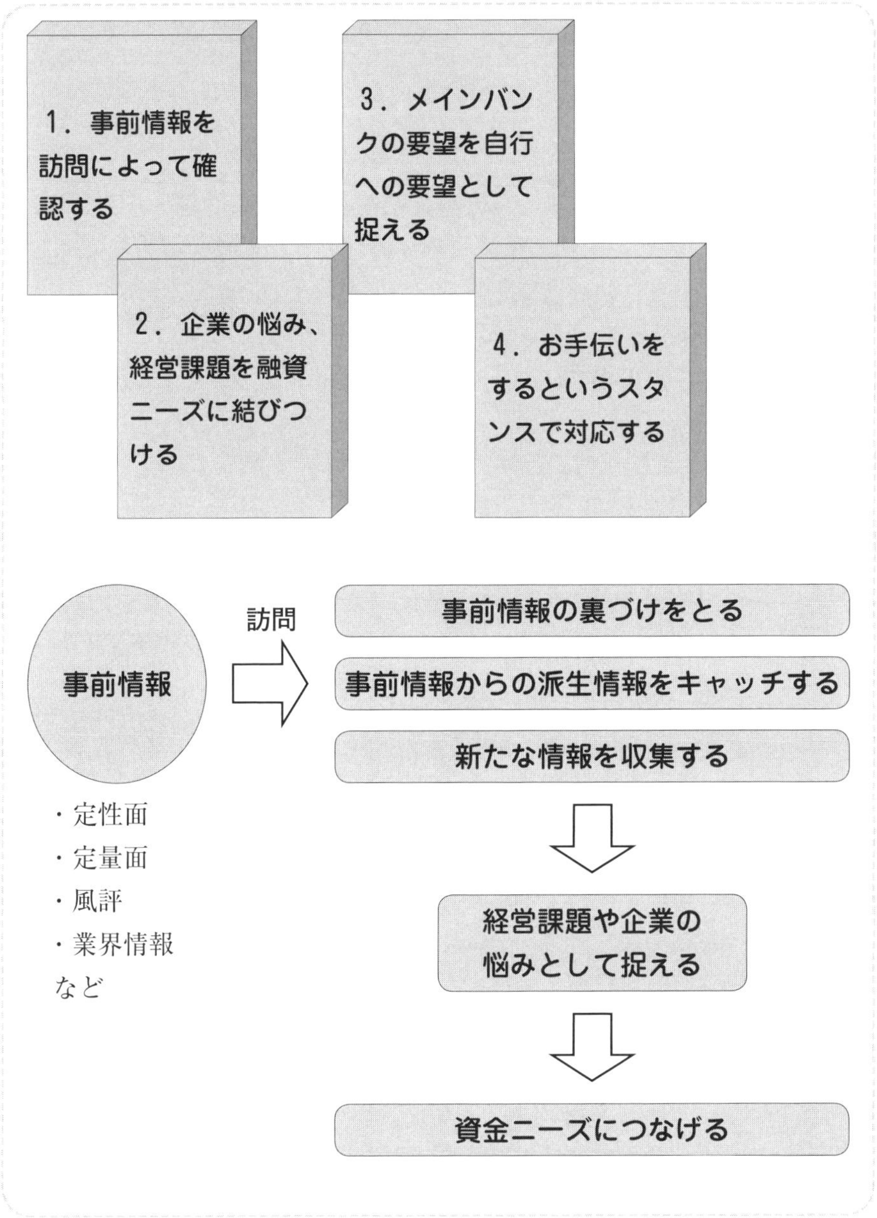

1. 事前情報を訪問によって確認する

2. 企業の悩み、経営課題を融資ニーズに結びつける

3. メインバンクの要望を自行への要望として捉える

4. お手伝いをするというスタンスで対応する

事前情報 　→訪問→

- 定性面
- 定量面
- 風評
- 業界情報
など

- 事前情報の裏づけをとる
- 事前情報からの派生情報をキャッチする
- 新たな情報を収集する

↓

経営課題や企業の悩みとして捉える

↓

資金ニーズにつなげる

16 情報管理ノートを活用する

●情報管理ノートとは

　新規開拓ローラーおよび既存先から得た情報は「情報管理ノート」（54～55頁参照）に記入する。初めは情報を詳細に聞き出せなくても、訪問し情報を得たらその都度、追加情報として記載していく。

　営業担当者が記入した「情報管理ノート」は、日報とともに1日のうちに直属の上司を経て融資担当、次長、支店長に届くシステムにする。これにより、店内での情報の共有化が図れることになる。

　直属の上司は、稚拙な情報は都度指導し、レベルを保つようにする。また、支店長や役席者が重要度が高いと判断した情報、担当者では荷が重い事項は複合管理として、複合管理者を決め別途管理する。なお、支店長、役席は必ず意見や指示コメントを記入する。

　融資担当者や次長に回すのは、融資等の対応はいち担当者ではできることとできないことがあり、判断が必要になるためだ。

　なお、情報管理ノートは、著者が実践の中で業績を上げるために最も活用した情報収集と共有化のためのツールである。連絡表や情報メモのようなものでの情報管理よりノート形式のほうが有効であろうと思う。

●見込先進捗管理表を使って進み具合を管理する

　新規開拓の見込先は「事業者融資見込先進捗管理表」（182頁参照）等を使って時系列で案件の進捗状況を管理する。一覧できるため使い勝手がよい。
①中途で日を空けずにスムーズに手続きが進んでいるかどうかを確認する。
②書類の不備など、進行を妨げる事項が生じた場合は放置せず、日を限って徴求する。
③肩代わりの場合、対象先金融機関の動きに注意を怠らない。途中の段階でも進み具合を相手企業に報告し、借換えの可否を念押ししながら進める。

まとめ　情報管理ノートを活用する

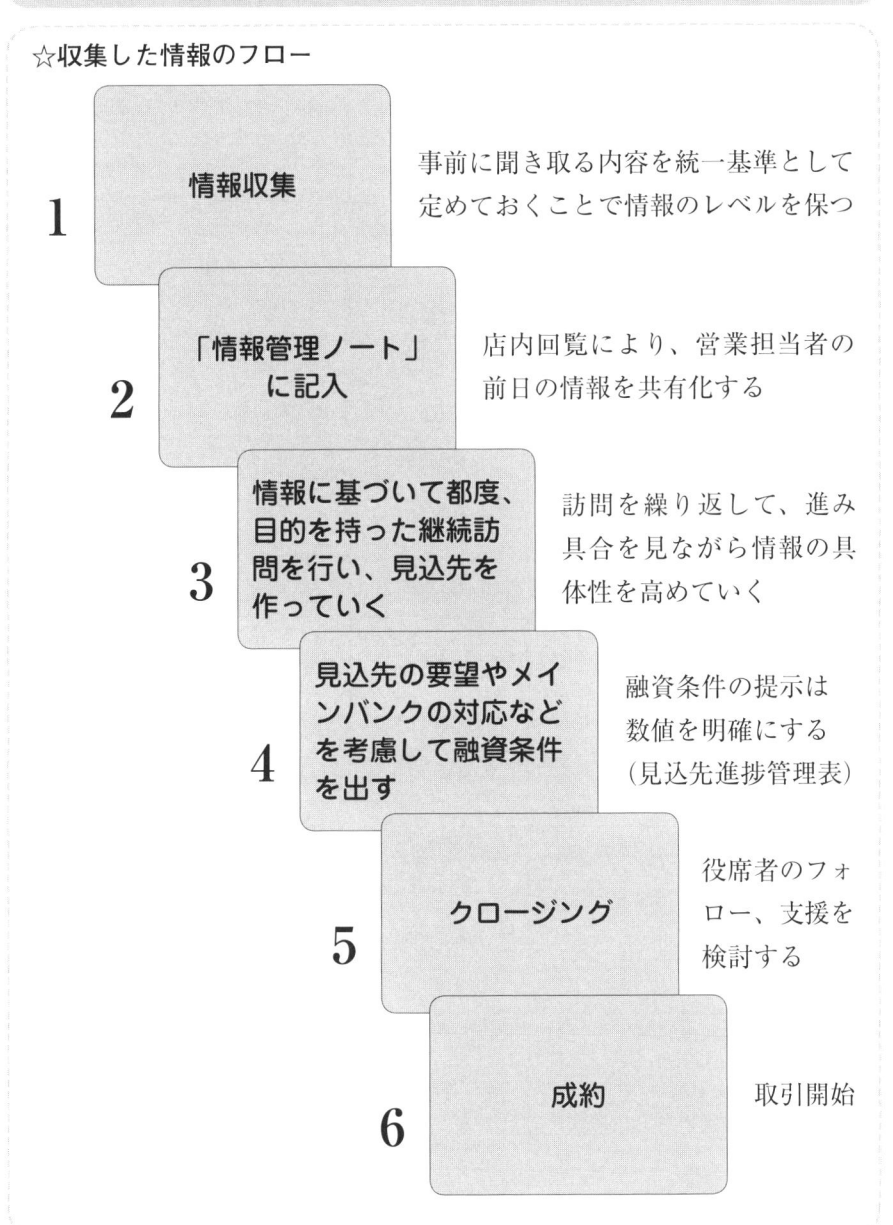

☆収集した情報のフロー

1　情報収集
事前に聞き取る内容を統一基準として定めておくことで情報のレベルを保つ

2　「情報管理ノート」に記入
店内回覧により、営業担当者の前日の情報を共有化する

3　情報に基づいて都度、目的を持った継続訪問を行い、見込先を作っていく
訪問を繰り返して、進み具合を見ながら情報の具体性を高めていく

4　見込先の要望やメインバンクの対応などを考慮して融資条件を出す
融資条件の提示は数値を明確にする（見込先進捗管理表）

5　クロージング
役席者のフォロー、支援を検討する

6　成約
取引開始

［情報管理ノート］記入例

番号	住　　所		情報種類		情　報　内　容
1	○○区○○2丁目10－1	融資	事業者	○	受注増加に伴い、工作機械の導入予定あり。
日付			消費者		機械購入予定額　　8,000万円
5／10	氏　　名		住宅		うち借入予定額　　　5,000万円
新規	山田産業㈱		預金		今回3回目の訪問にて、上記の情報を入手しました。次回訪問において詳細を聴取します。（次回訪問5／15）
○			預り資産		
深耕	TEL	312○－○○○○	他行情報		
	業種	電子部品製造	その他情報		

番号	住　　所		情報種類		情　報　内　容
		融資	事業者		
日付			消費者		
	氏　　名		住宅		
新規			預金		
			預り資産		
深耕	TEL		他行情報		
	業種		その他情報		

番号	住　　所		情報種類		情　報　内　容
		融資	事業者		
日付			消費者		
	氏　　名		住宅		
新規			預金		
			預り資産		
深耕	TEL		他行情報		
	業種		その他情報		

> 初めは簡単な情報でよい。訪問を重ねるごとに、数値を把握して、自分がどのように取り組みたいかを具体的に記入していくようにする。

役席者指示コメント		検印	結　　果		
			日付		検印
次回訪問時に以下の点を聞き取って下さい。 ①メインバンクとの競合点をピックアップすること。 ②次回訪問で決算書を求めること。		印			印
決算書の入手を急いでください。決算書を入手したら内容的に対応できる方策を検討すること。とくに機械導入による生産性向上効果または省力化効果は数値で把握していくようにする。		印	継続	支店長検印欄	印
			終了 印	役席者・融資検印欄 営業担当役席検印欄	印

上段は営業担当役席が、次回訪問時におけるヒアリングポイントを中心に記入する。(例：青ペン使用)
訪問が進むにつれ、状況に合わせた具体的な指示を記入する。

営業役席の指示を補完する形で、ヒアリングポイントを記入するとともに、取扱いへの対応方針の資料を求めていく。(例：赤ペン使用)

役席者指示コメント	検印	結　　果	
		日付	検印
		継続	
		終了	

役席者指示コメント	検印	結　　果	
		日付	検印
		継続	
		終了	

17 情報収集の実践方法

●情報収集のコツ
　新規開拓を行うには、情報収集が非常に重要となる。ただし、収集の際に注意すべきポイントがいくつかある。
①初めから細部まで聞き取ろうとしないこと。情報収集のポイントをしっかり認識して話を展開させる。
②情報の内容を具体化させていくために、訪問の都度、段階を追って数値を把握していく。
③資金計画の概要とそれに伴う資金ニーズの掌握から、自分の考えを組み立てながら上司の指示を仰ぎ、自行のスタンスを明確にしていく。

●情報収集のポイント
　情報を収集する流れとしては次のようになる。
①情報を聞き出す
②内容を具体的に聞く
③自行のスタンスを構築する
・情報を得るために顧客とのコミュニケーションを活発に行う営業スタンスを確立させる。
・情報提供を心掛け、情報のキャッチボールができるようギブアンドテイクによる収集姿勢を示す。
・情報は数値で捉える（何を、何のために、いつまでに、どの程度の資金で、どのような計画で実行するか）。

情報管理ノートを使った情報管理例

さて、収集した情報についてどのように管理するかが問題となる。ここでは情報管理ノートを使った営業担当者、管理者の活動事例を記す。

●情報内容
①顧客から聴取した情報の詳細を記入し、自分なりの考え、次回訪問日を必ず記入する。
②営業担当者が些細な情報と判断しても、役席者の判断により有効な情報である可能性もある。
③"悪い情報"と思っていてもニーズ発掘を心掛けていれば、結果的に"良い情報"に変わることもある。

●役席者コメント
役席者は、必ずコメントを入れるようにする。
①営業担当者が行動しやすいように適切なアドバイス、支店の取組方針を具体的に記入する。
②同行訪問の日程等、具体的に指示することがポイント。
③コメントはＯＪＴの一環であり、情報収集の促進になるため定着させる。
④例えば、支店長は「赤ペン」、次長、営業担当役席者は「青ペン」でコメントする。

●結果（情報を終了するのか、継続管理するのか項目別にマル印を記入）
結果についても随時記入し進捗状況の把握に努める。
①事業者の情報で具体的に対象先として管理したい場合は、個社別の取組方針を定めた個別管理票により継続管理していく。
③情報内容で、見込先として日報で管理するものは「見込先表にて管理」とし終了とする。
④継続して進捗しそうな情報は「継続」とし、後日「○○番の□□さんの件」と情報内容欄に記入管理する（番号は情報番号とし、すべてを記入する）。
その他、不動産情報等、共有が必要な情報は支店・本部にて個別に管理することが効率的である。

コラム1　情報の収集・提供活動の実践法

●情報の収集、提供は営業担当者の毎日の重要な仕事

　情報の収集や提供を既存取引先への訪問時のみ行っているケースが少なくありません。これを情報活動と捉えても間違いではないのですが、活動が受動的である限り本来的な情報活動とは言えません。

　情報活動とは能動的であることが原則で、自ら進んで毎日決められた時間を確保し、新規開拓先を含め各企業の生産性向上に結びつく情報を収集し提供することで、お互いの利益に寄与していくための活動を指すのです。

　業績の源となる新規先を含めた地域全体からの情報収集活動をないがしろにして、受け身の活動を続けていけば、自行の発展はなく淘汰されることでしょう。なぜなら、多くの地域金融機関が「人的戦力のレベルアップ」という営業の基本に立ち戻って、新規開拓を継続して実行できる営業担当者の育成に力を注いでいるからです。

　業績の源である情報の収集・提供活動を効果的に展開していくために最も重要なのは、毎日の営業活動を集金中心の行動パターンから生産活動を主体とするパターンへと転換していく意識とそのための実践的な行動手法、管理手法を身につけることなのです。

　情報活動の強化と管理システムの構築から、強固な営業推進体制を作ります。そのための営業担当者や管理者の行動例は図表のとおりです。

――――情報管理ノートについて――――

　本書では著者の経験から情報収集のツールとして非常に効果の高い「情報管理ノート」（前述）の活用事例を紹介しています。

　ただし、同様の目的として他のツールを用いている場合は、それに置き換えてお考えください。

	情報活動の強化と管理システムの構築における、最低ラインの意識と行動（例）
営業担当者	●毎日午前中最低2時間は担当地域を全軒ローラー訪問して、地域顧客の資金ニーズの収集と金融関連情報の提供活動を実施し、その内容を「情報管理ノート」により報告する（ノートは統一作成した定型ノートが効果的）。ノートには、営業担当者としての進め方や意見などを確立して明記する。 ●情報の中で業績に結びつく見込みのあるものについては、見込度に応じて頻度を考慮しつつ午前中の地域ローラーと並行して継続訪問を繰返しながら見込度ランクをアップさせ、実績につなげる行動をパターン化する。
営業役席者	●営業担当者を上回る具体性のある内容レベルの情報活動を営業担当者と同様に実施する（役席者の率先垂範なくして部下は動かないし、持続もしない）。 ●営業担当者の「情報管理ノート」の内容をチェックし、案件ごとの方針の構築や同行訪問の必要性など、推進方法について具体的な指示を明確に示す。 ●「情報管理ノート」は日報と合わせ店内に回覧し、翌朝までに支店長に提出できるシステムとする。
支店長	●日報は内容を統一したフォーマットにより、厳格に作成する。「情報管理ノート」はこの日報の一部と考える（日報なくして業績は絶対伸びない）。日報は記録表ではなく活きた活動を毎日見るための営業進捗管理表である。「情報管理ノート」の内容の質は、苦情等も含めその収集レベルを定める。 ●毎朝必ず営業担当者、営業役席者の日報と「情報管理ノート」をチェックして、迅速に的確な指示、方針を示すとともに、自ら行動すべき事案については率先して行動する（支店長の率先垂範は当然のことである）。

PART 2

実際に訪問してみよう

1 初回訪問では何を話題にすればいいのか

●飛び込み訪問と事前計画訪問

　金融機関の営業担当者にとって仕事のやりがいを最も感じるのは、自分の力で新規の顧客を開拓したときである。自らの努力の積み重ねで新しい顧客を獲得した喜びがセールスの醍醐味と言える。セールスには「自分の言葉で顧客が動いた」という感動があり、これを支えているのが誠実なセールス話法である。

　新規訪問の具体的な手法には大きく分けて、次の２通りの方法がある。

①飛び込み訪問

　あらかじめ訪問する企業のデータを持たずに、企業や事業所に無差別に飛び込んで、顧客の資金ニーズを探り、見込先を見つけ出す方法

②事前計画訪問

　訪問する企業のデータを事前に調査し、訪問によってデータの確認をしながら、顧客の資金ニーズを探り、見込先を見つけ出す方法

　いずれの方法が有効かは、企業規模や推進商品あるいは訪問地域などによって違うため一概には言えないが、どちらもインパクトのあるセールス話法によって顧客の資金ニーズを探り出す、ということに変わりはない。

　ただし、「飛び込み訪問」といっても、一般的な企業認識を持たないで訪問すると失敗するのは当然である。少なくとも、その企業の業界、地域におけるポジションや風評などについては、コンプライアンス上からも事前に知っておくことが必要となる。さらにこの後のセールストークもスムーズに進むこととなる。

PART2 実際に訪問してみよう

まとめ　初回訪問では何を話題にすればいいのか

☆入り口でのセールストーク例

「こんにちは。はじめまして。私は〇〇銀行〇〇支店営業担当の山田一郎と申します。この地区を担当しております。本日は社長様にご挨拶方々、業界のお話を少しでもお聞かせ願えればと思いまして、お伺いさせていただきました。お忙しいと存じますが、ほんの少しお時間をいただければ嬉しいのですが、よろしくお願いいたします…」

　　　私の話を聞いてください　　＝×

　　　社長様の話をお聞かせください　＝〇

ここがポイント！

・挨拶は明るく、はきはきと、心を込める。
・社長や担当者だけでなく、周囲の人たちにもきちんと挨拶する。
・敬称や敬語をきちんと使い、言葉遣いは正しく明るくする。
・分かりやすい言葉で訪問内容はゆっくり、ていねいに簡潔明瞭に述べる。

　アプローチが成功するかどうかは、最初の2〜3分で決まるため、第一印象が大切となる。第一印象とは外見であり、明るく健康的で清潔なイメージを与えることを心掛けよう。礼儀正しく落ち着いた態度が好印象を持たれる。

2 断られないようにするためには

●相手にイニシアティブを取らせる言い回しをしよう

　アプローチしてすぐに面談できることはそう多くはない。まず間違いなく最初は断られる。そこで顧客の断りに対してどのように切り返していけばいいのかを考えてみる。

社　　長「今、忙しいから、またにしてくれないか」
営業担当者「ぜひ一度、社長様のお話をお聞きしたいと思いますので、日を改めてまたお伺いいたします。明日の○時ではいかがでしょうか…」

　このトークでは、相手の都合を最優先に考えて、面談を急いでいないことがポイントである。「ほんの3分だけ時間をください」などと、無理強いをすると顧客の心象は悪くなるし、たとえ面談できたとしてもこちらの意図を十分伝えることはできない。当然、次回訪問への良い返事はもらえない。
　また、社長から「教えを乞う」という謙虚な姿勢で自尊心に訴えていることで、社長にイニシアティブを取らせたことも大きなポイントと言える。

　最後に、次回の訪問を具体的日時で例示する。例示した日時で都合が悪くても、日時に反応すれば相手の面談意思が確認できる。あとは相手の都合の良い日時に合わせれば面談可能となる。

まとめ　断られないようにするためには

☆入り口での顧客の断りに対するセールストーク

社　長「うちは○○銀行と長い付き合いがあって、今のところ他の銀行と取引するつもりはないよ」
営業担当者「○○銀行さんにご満足されている点はどんな点ですか。○○銀行さんとは違う、当行の特長をお聞き願えれば嬉しいのですが…、ぜひ、よろしくお願いします」
営業担当者「情報のご提供など、社長様のご要望に沿うために、私どもも仲間に入れていただければ、情報の量も増えることと思います」

　新規訪問は「断られる」のが当たり前と考えることが大事である。初めから歓迎される企業は、金融機関取引において何らかのウイークポイントを抱えている場合が少なくない。初回訪問で断られた理由を考えて、これを解決するかたちで次回訪問につなげることである。

ここがポイント！

・相手の取引銀行は尊重して、悪口は言わない。
・どんな話でも議論しない。相手の話に間違いがあっても否定しない。
・断りの根拠をつかんで、落ち着いて説得の返答をする。
・次に訪問することを考えて、話の中で次回の内容を捉える。

3 アプローチの切り出し　セールストーク例

●定性要因を事前に把握しておく

　ここではアプローチのための会話を考えてみる。やはり少なくとも定性要因を事前に把握しておく必要がある。

営業担当者「同業の方たちがご苦労されている中で、社長様のところは業績が伸びているとお聞きしているのですが、すばらしいですね。秘訣はどこにおありなのですか。ぜひ教えてください」

営業担当者「初めて訪問させていただいたのですが、成長されている会社はやはり活気がありますね。ご評判のわけが伝わってきました」

営業担当者「求人誌を拝見したのですが、業務拡張のための人材募集ということで、ご繁栄ですね。当面お考えの拡張規模はどのくらいですか」

営業担当者「社長様のお名前は、私どものご同業の取引先からもたびたび伺っております。立派な方だとお聞きしておりましたので、本日はお会いできて光栄です」

切出しトークのコツ

　切出しトークにおける訪問理由では企業の強みや業績の好調など、事前の情報の中から、1～2つを選んで話すことで相手の関心を引きつけやすくなる。

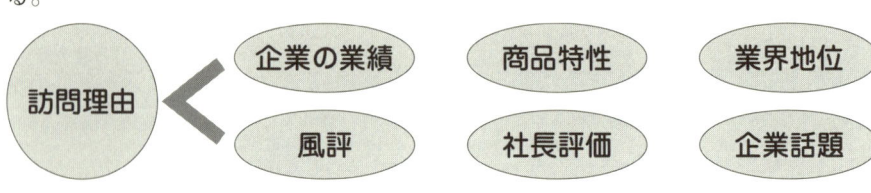

訪問理由 ← 企業の業績／商品特性／業界地位／風評／社長評価／企業話題

まとめ　アプローチの切り出しセールストーク例

初回アプローチの心得

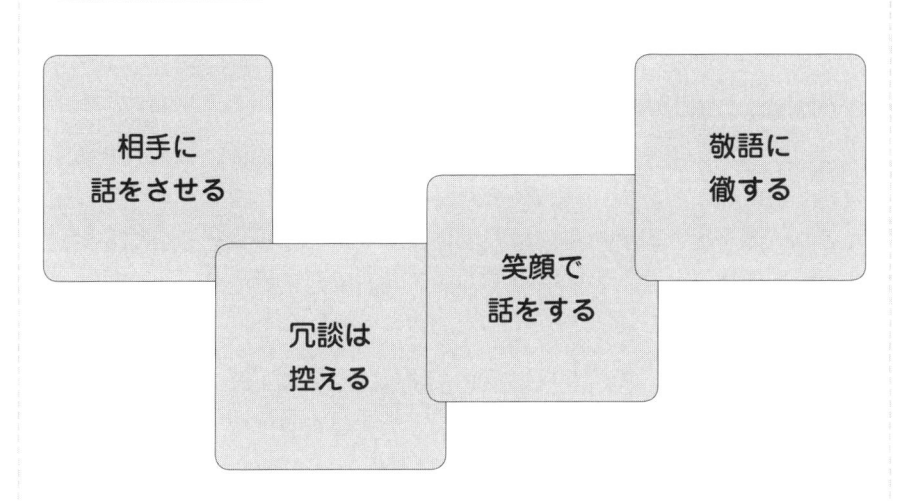

- 相手に話をさせる
- 冗談は控える
- 笑顔で話をする
- 敬語に徹する

ここがポイント！

・事実を具体的に褒める。褒め言葉は度が過ぎないよう遣い方に注意する。
・相手にしゃべらせることが大切で、営業担当者は聞き役に回り口数を控える。タイミングのよい相槌が話を盛り上げる。
・相手の話から何を求めているかをキャッチして、その攻略の方法を考えながら話を聞いていく。

　飛び込み訪問の場合は、事前調査事項が少ないため事実確認によるアプローチはしにくく、質問形式によって企業の状況を把握していくことにポイントが置かれる。
　面談する相手の都合や時間帯の状況などをよく考えて、聞き取りポイントを簡潔に要領よく捉えて話を進めていくことを心掛けよう。

4 初回訪問ではどこを観察すればいいのか①

●初回訪問時の話の振り方
　新規訪問先における観察ポイントは、まず企業の全体像、社長の人物像などをよく観察して、取引の適合性を判断することが大切である。また、会話は資金ニーズを導き出すための情報収集につながるように組み立てて、提案営業への土台作りとして展開させていくことが効果的となる。

●初回訪問時の観察ポイント
　初回訪問では何気なく次の事項について見聞きすることである。
・会社の建物規模、新旧度、メンテナンス状況など
・事務所、工場、店舗など現場の雰囲気と整理、整頓の状態
・諸設備の新旧度と新設状況、車両の営業時の稼働状況
・従業員の動作、表情、身だしなみ、服装の清潔度、言葉遣い
・社長の手腕、力量、人柄、性格、前歴
・社長の経営方針、経営計画の有無、経営ビジョンなど

　これらの点を観察しながら経営者がどのように判断してどうしたいのかを見抜くことが、担当者には求められてくる。

まとめ　初回訪問ではどこを観察すればいいのか①

☆会社の建物規模、メンテナンス状況などについてのトーク例

営業担当者「御社の評判はかねてよりいろいろな方面からお聞きしておりまして、一度ぜひお伺いしたいと考えておりました。建物が立派でメンテナンスが行き届いているので、入るのに躊躇してしまいました。社長様のご商売への意欲を感じますね」

営業担当者「初めて建物の中に入らせていただきましたが、整然とされていて、ご発展中の会社というイメージを受けました」

ここがポイント！

　会社の全体イメージは、まず建物、倉庫などの外見を見るが、規模の大小や築後年数だけでなく、メンテナンス状況などに目を向け、財務的な余裕を観察し、感じた良い点だけを話す。

☆事務所など現場の雰囲気と整理・整頓の状態についてのトーク例

営業担当者「初めてお伺いしたのに、事務所の皆様から笑顔で挨拶され恐縮しました。社員の方々も活き活きしていますね。社長様の会社に対する意気込みを肌で感じました」

営業担当者「工場がちょっと目に入ったのですが、きれいに整頓されていますね。細かい部品を扱う上でやはり毎日の整理や整頓、清掃は欠かせないものなんでしょうね」

ここがポイント！

　事務所、工場、店舗の雰囲気は、社員の挨拶や応対態度で感じ取ることができるはずである。気になる点は触れずに、評価できる面を率直に話すこと。ただし、過度な褒め言葉は逆効果になるので慎む。

5 初回訪問では どこを観察すればいいのか②

●**諸設備の新旧度と新設状況、車両の営業時の稼働状況**

　事務所のＩＴ化や機械設備などへの対応状況から社長の事業に対する取組姿勢を観察し、対応設備投資への資金の余裕度を伺う。近時の新設や今後の設備計画などを聞き取り、資金調達の方法などに話を転換していく。

営業担当者「事務所のＩＴ化が進んでおられますね。省力化への設備投資もずいぶんされてきたのでしょうね」

営業担当者「工場の機械設備も新しいように感じたのですが、最近の設備投資ですか。相当お金もかかっているんでしょうね。まだこれからも設備の増設や更新もおありなんでしょう…」

営業担当者「倉庫を新築されましたね。今までの倉庫では保管場所としては狭くなられたんですか。業績の発展の象徴ですね」

●**従業員の動作、表情、身だしなみ、服装の清潔度、言葉遣い**

　見たまま、感じたままを話すのではなく、会社の方針などが具現化している場面を観察して、褒める材料を探して事実を具体的に話す。

　社長が日頃、社員に徹底していると思われることを観察して、相手が関心を持つ話から切り出していく。

営業担当者「社員の皆さんから、すれ違うたびに挨拶されて恐縮いたしました。明るい表情ときびきびした動きに驚きました。この社風は、社長様のご方針なのでしょうね」

営業担当者「社内に入らせていただいて、社員の方々の言葉遣いや動きから仕事に対する緊張感と活気を感じました。社員の皆さんが一丸となっている様子は、成長している会社に共通していますね」

PART2 実際に訪問してみよう

まとめ　初回訪問ではどこを観察すればいいのか②

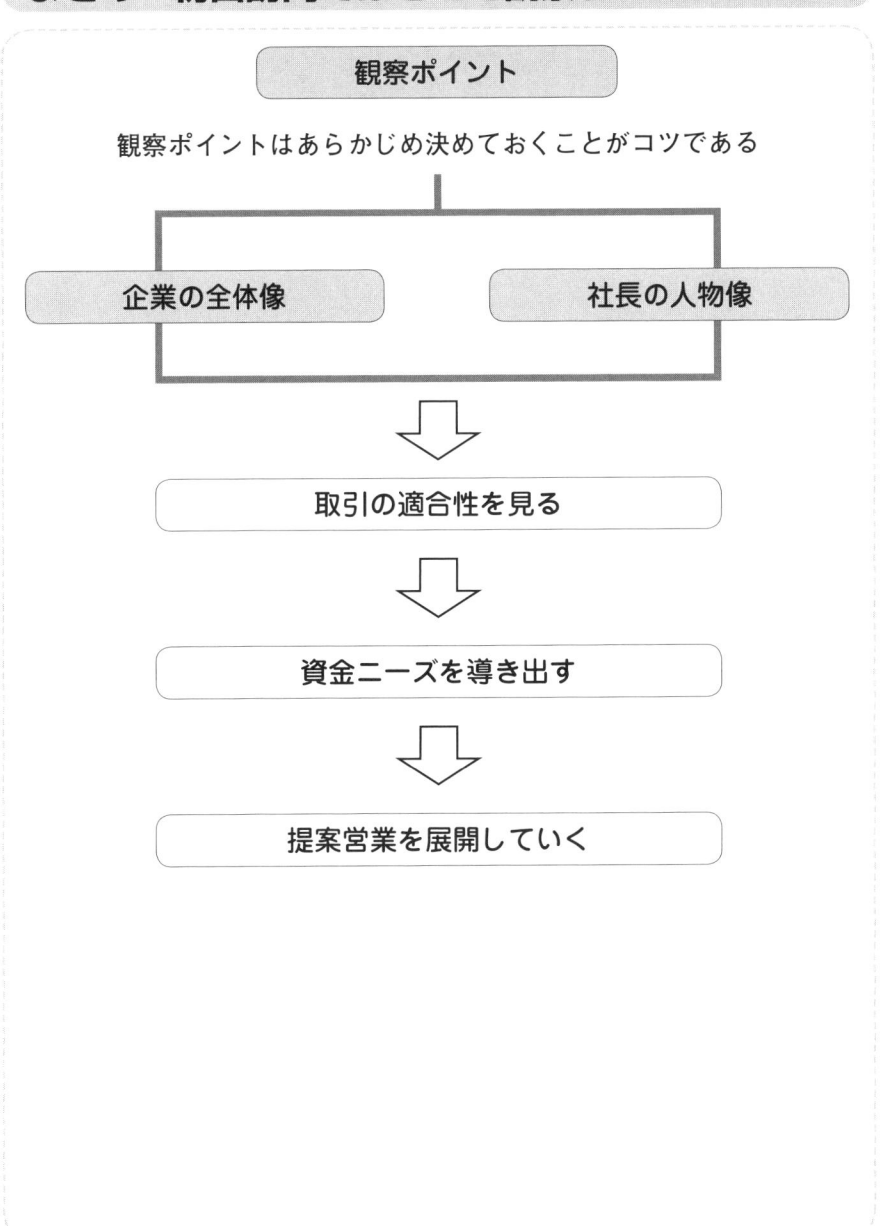

観察ポイント

観察ポイントはあらかじめ決めておくことがコツである

- 企業の全体像
- 社長の人物像

↓

取引の適合性を見る

↓

資金ニーズを導き出す

↓

提案営業を展開していく

6 初回訪問では どこを観察すればいいのか③

●経営者の手腕、力量、人柄、性格、経営方針、経営ビジョンなど

　初回訪問時に聞くことは会社の業暦だけではない。経営者の事業経験・前歴なども知ることで、今後の展開につなげたいものである。

営業担当者「会社をここまで成長させるためには、ずいぶんとご苦労がおありになったのでしょうね」

営業担当者「社長様はまだお若いのに、これだけの会社にされたお力はすばらしいですね。能力的に特別なものをお持ちなのでしょうね」

営業担当者「社長様からは事業発展へのバイタリティが感じられます。この源というか、原点をぜひ教えてください」

　次に、実際の社長の手腕、力量、人柄なども把握したいところである。その際のトークとしては次のものが考えられる。

営業担当者「創業者の社長様というとワンマンな方も少なくないのですが、社長様はご自分のタイプをどのように分析されますか。ワンマンでも決して悪くはないと思うのですが、いかがでしょう」

営業担当者「社長様は2代目とお聞きしているのですが、先代社長様とは違った面でご苦労が多いと思います。特に先代様と比較される点はどのあたりですか」

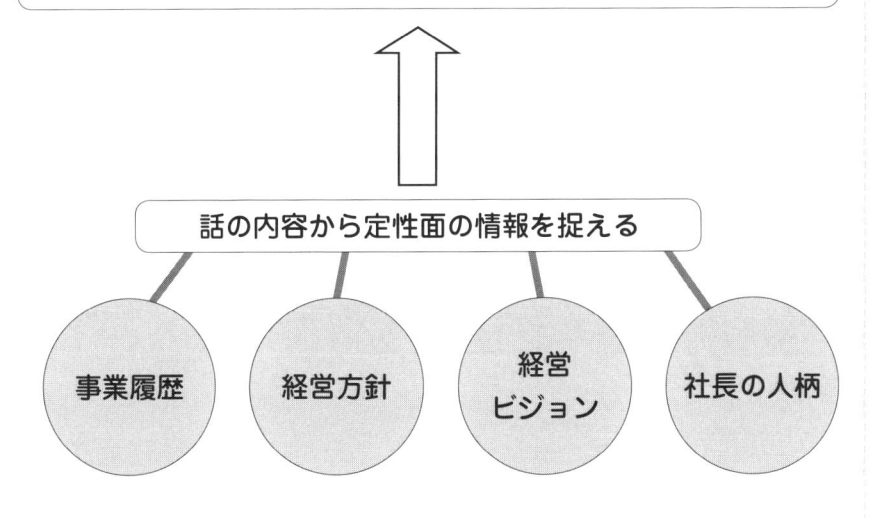

まとめ　初回訪問ではどこを観察すればいいのか③

☆経営方針、経営ビジョンなどへの切り出し話法

> **営業担当者**「この業界は業績不振に悩んでいる企業も少なくないのですが、御社の繁栄には、社長様の経営への特別なお考えや姿勢がおありだろうと推察いたします。この点はいかがですか」
> **営業担当者**「社長様の将来ビジョンの中で、この業種の将来展望についてどのようにお考えでしょうか。一般的には少子化で先行きの売上面に不安もあると聞いているのですが、実態はどうでしょうか」

⬆

話の内容から定性面の情報を捉える

- 事業履歴
- 経営方針
- 経営ビジョン
- 社長の人柄

7 初回訪問では どこを観察すればいいのか④

●話の切り出し方は「～ですね」

　初回面談時において、最初はできるだけお金に関わる話題は避け、観察ポイントについて伺いながら、その後自然なかたちでお金に関わる話へと導いていく。

　初回訪問において「～ですか？」を多用すると、相手に対して調査をされているイメージを与えるため、実践ではあまり上手な切り出し話法とは言えない。

　話を継続していくうえでは、「～ですね」「～でしょう」というような、こちらの想定を述べることで相手の口を開かせる話法が効果的である。

　また「～を教えてください」というように、相手の自尊心に訴える話し方も有効だが、多用すると厭味にも取られかねないので、注意が必要となる。

●経営者以外とも仲良くなるようにする

　一般的には訪問するごとにより良い人間関係が構築できるものと思われるが、経営者だけではなくその周辺の人や受付の人、従業員とも仲良くなるよう心掛ける必要がある。

まとめ　初回訪問ではどこを観察すればいいのか④

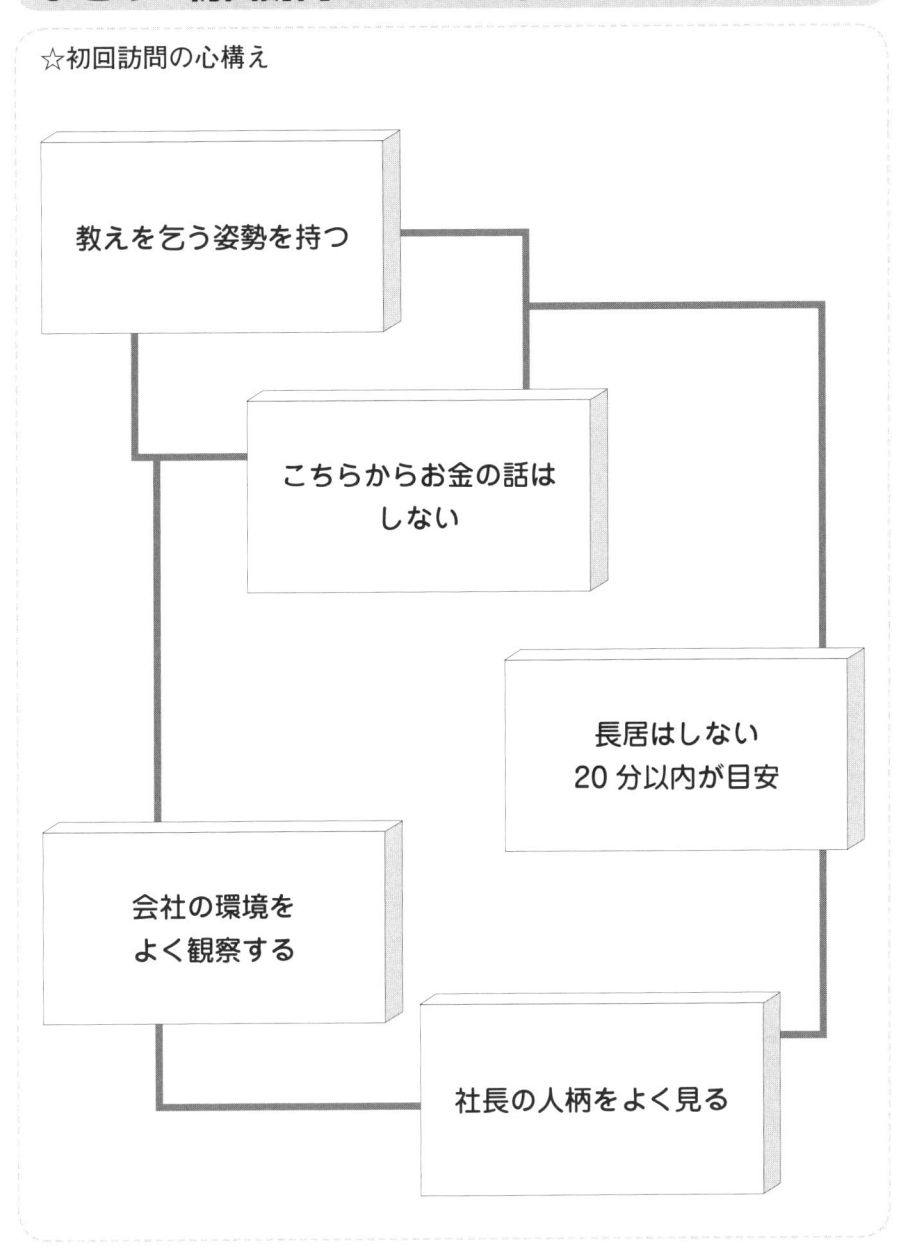

☆初回訪問の心構え

- 教えを乞う姿勢を持つ
- こちらからお金の話はしない
- 長居はしない　20分以内が目安
- 会社の環境をよく観察する
- 社長の人柄をよく見る

8 初回面談の話の進め方とヒアリング話法①

● 「しやすい」タイプと「しにくい」タイプで対策を考える

　社長あるいは経営責任者などの財務面の実権者に面談することができなければ、話は前に進まない。

　時間的な制約もある状況の中で、人柄などから、面談しやすいタイプとしにくいタイプとに分けて、このタイプ別の対策を事前に考えて訪問することが効率的である。

①面談しやすいタイプ
・内勤型で決められた時間は会社に必ずいる。
・話好きで訪問を快く受け入れてくれる。
・訪問に際して経理担当者や奥様のフォローがもらえる。

②面談しにくいタイプ
・外訪型で1日の在社時間が不規則である。
・必要なことや自分にメリットのある話以外には興味がない。
・訪問に際して経理担当者や奥様からのフォローがない。

まとめ　初回面談の話の進め方とヒアリング話法①

☆初回訪問以降の面談対策

面談しやすいタイプ

→ 初回訪問時に、1日の基本的な行動パターンを聞き取る。

→ 話題のバリエーションを心掛けて、継続した話の展開を行う。

→ 1回の訪問時間は15〜20分以内として、次回訪問の目的を話の中から構築していく。

面談しにくいタイプ

→ 初回面談者から、在社時間を聞き取り、訪問日時を設定してあらかじめ伝えておく。

→ ムダな話題は避け、なるべく核心の部分から話に入る。

→ 次回訪問について、日時と内容を示して、約束を取り付けておく。

9 初回面談の話の進め方とヒアリング話法②

●場面によって会話を変える

　会話を弾ませるために、事前に共通の話題を情報収集するわけであるが、場面によって変えていく必要がある。

①飛び込み訪問の場合

　訪問先に対する十分な情報を持たずに訪問する飛び込み訪問の場合は、「自行の取引先として適当かどうか」を観察ポイントとするなど、観察条件を前もって決めておくことが重要である。

　ただし、飛び込み訪問といっても、訪問先の業種や同業間の風評、業種特徴などについては、「融資渉外ガイド」（銀行研修社刊）などを参考にして最低限、訪問前に把握しておきたい。

②事前計画訪問の場合

　新規に事業所を訪問する場合、初回訪問で会話を弾ませることが後のセールス発展へのポイントとなる。そのために初回訪問時の相手との共通の話題を想定したり、面談ストーリーを構築しておくことが効果的だ。

　もちろん、訪問先の会社概要や経営者、経営責任者について、事前の情報収集や調査が不可欠である。

まとめ 初回面談の話の進め方とヒアリング話法②

☆初回面談での話の進め方

> 会話を弾ませるために、事前に共通の話題を情報収集する

⇩

> 話法マナーを心得て、身構えず明るくはきはきと話をする

⇩

> 相手(経営者/経理責任者)が関心を持つ話から切り出す

⇩

> 事実を確認して、具体的に褒める材料を探して話を進める

⇩

> 質問方式は多用しない。確認話法で相手の口を開かせる

⇩

> 相手の話から何を求めているかを引き出し、攻略方法を考える

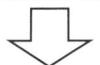

⇩

> 初回訪問は長居をしない。課題を持ち帰り次回訪問につなげる

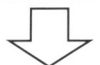

⇩

> 次回訪問

10 初回面談の話の進め方とヒアリング話法③

●話法マナーを心得て身構えずに明るくはきはきと話をする

　新規訪問には、通常の営業マナーとともに、話法マナーを心得ておく必要がある。初回訪問は第一印象が最も重要で、そのときの話法マナーと話の内容がその後の訪問に大きな影響を与える。したがって、話法マナーとして相手の話を上手に聞き取るためのヒアリングマナーが大切となるため、十分に気を配った対応が必要である。

　話法マナー、ヒアリングマナーのチェックポイントは次のとおりである。
・敬語や敬称をしっかり使う。馴れ馴れしい言葉は使わない。
・挨拶は明るくはっきり、訪問内容は明瞭、簡潔に言う。
・話は笑顔で、ユーモアを交えて、語尾を明確に発言する。
・話題に合ったトーンで話をするとともに、聞き役に徹する。
・ひとつずつ確認をとるような話し方が効果的で、必要なことは、相手の了承を得てメモするなど真剣な態度を崩さない。
・適当なタイミングで相槌を打つ。相手が自信のある発言は必ず褒める。ただし、慇懃無礼な褒め言葉は使わない。
・たとえ相手の話が事実と違っていても、訂正や否定をせず、また議論をしない。どんな場合にも感情的にならない。
・テンポ良く自信を持って話をする。おどおどした態度はとらない。
・押し付けがましい話はしない。自分の自慢をしない。
・他の会社、取引金融機関の悪口は言わない。
・相手のレベルや状況に応じた話の内容とし、話し方を工夫する。
・辞去するときは、次回訪問の予告と訪問目的を明確に伝える。

●相手（経営者／経理責任者）が関心を持つ話から切り出す

営業担当者「金融機関の貸出金利が上昇傾向にありますが、お取引の銀行さんからは、すでにこのお話は打診があったのではないですか」

営業担当者「円が下がってきていますが、ご商売への影響と今後の動向について、社長様はどのような見方をされますか」

営業担当者「先日の特別セールのチラシを拝見させていただきました。かなりのご盛況だったとお聞きいたしましたが、いつもタイミングのよい企画をお考えですね」

営業担当者「今度、ご同業の組合理事にご就任されたとお聞きしました。いろいろご苦労もおありでしょうね」

ここがポイント！

　相手が関心を持つ話をするポイントは、相手自身の立場における苦労や努力を理解しようとする態度、自尊心を高揚させる話の展開を心掛けるとともに、会社経営における実態や不安要素など、現在の様子を確認しながら、将来の構想を少しずつ聞いていく姿勢が有効となる。

11 初回面談の話の進め方とヒアリング話法④

●褒めすぎにも気をつける

　スムーズなヒアリングを行うには、事実を確認して具体的に褒める材料を探して進めていくことである。例えば次のようにである。
営業担当者「取引先が生産拠点を中国やベトナムに移転するなど、経営の圧迫が聞かれる業界の中で、御社は大変ご立派な業績を上げられておりますね。ぜひこの要因をお聞かせください」
営業担当者「上司から『業績がすばらしい御社と取引が構築できないようでは地区の営業担当者として失格だ』とハッパをかけられてまいりました」
　褒めるということは、ほどよい適切さを要するので、そう容易ではない。事実を確認しながら具体的に褒める材料を探すことがポイントであるが、ここで注意すべき点は、褒めすぎないこと、見え透いた美辞麗句を並べないことである。

●事実に基づく確認を話法に取り入れる

　ヒアリングを行う場合には、質問形式での会話は避け、確認話法で相手の口を開かせることが肝要となる。
営業担当者「事務所の中に大変活気が感じられました。社長様の経営姿勢が社員に徹底されていますね。私どもの支店でも見習わなければなりません。朝礼などでも社長様の厳しい言葉が飛んでいるのでしょうね」
営業担当者「業績が順調に伸展している要因は、技術の特殊性とお聞きしています。特許を多くお持ちだと推測しますが、やはり社長様の発想が中心でしょうね」
　質問形式を多用すると調査のイメージが強くなり、相手は話しにくく会話も途切れがちになる。質問は抑えて、事実に基づく確認を話法の中心に、話のキャッチボールによって会話を膨らませるのがポイントである。

●相手の話から何を求めているかを引き出し、攻略方法を考える
社　　長「貸出金利が上昇しているようだけど、金融機関はどの取引先にも一律に金利上げを交渉しているの？」
営業担当者「社長様のところには○○銀行さんは、どのような条件を打診してきましたか。内容次第では私どもにも一度検討させてください」
社　　長「新しい設備の導入を計画しているのだけれども、資金面では、○○銀行の無担保枠を越えそうなんだよ…」
営業担当者「私どもにその設備計画をお教え願えますでしょうか。社長様のご希望条件に照らして、検討させていただきます」
　話の内容から、経営への悩みや課題を聞き取り、自行でできる範囲の対応を検討して、後日提案するかたちで了承を得られるように、希望条件などに、話を具体的に展開していくことがポイントとなる。

●初回訪問は長居をしない、課題を持ち帰り次回訪問につなげる
営業担当者「本日は、社長様のお話をお伺いしてたいへん参考になりました。お忙しい中、本当にありがとうございました。ご希望につきましては早速ご検討させていただき、ご提案させていただきます。○月○日の○時ごろでは、ご予定はいかがですか」

　初回訪問は20分程度を限度とするのが良いだろう。初回訪問でこれ以上長居をすると、次回訪問以後の継続訪問への課題や宿題が飽和してしまい、セールスの基本とする継続訪問効果が損なわれやすくなるからだ。
　次回訪問予定はこちらから日時を提起して、必ず了解をとることが必要である。

12 初回面談の話の進め方とヒアリング話法⑤

●事前にチェックポイントを定めておく

　企業を初回訪問したとき、経営者と話をする前に建物の外見、従業員の様子、社内の状況など、見ただけでいろいろな問題点を捉えることができる。これはあくまで推測でしかないものの、「ヒト・モノ・カネ」のうち、特に財務面以外の会社環境や人事状況など、「ヒト・モノ」の動きの一部であっても観察できるので、見落とさないよう事前にチェックポイントを定めておくことである。

　次回以降の訪問で、捉えた問題点等をさらに深掘りできるかどうかで、取引に結びつく可能性が変わってくる。

　なお、問題のある企業に見られがちな例を以下に挙げておくので、参考にされたい。
・社員のあいさつなど全体にハリがなく、沈んだ空気が会社内に漂っている。
・会社内の機材や備品などが整理整頓されていない。
・経理部内の人員が企業規模に比較して多すぎる。
・20分の初回訪問の中で電話がかかってこない。
・社長がいるにもかかわらず、初回は経理担当者だけにしか面談できない。
・社長の指示に対する社員の受け答えにシビアさや規律を感じない。
・社長がヒマで長話になりやすい。
・電話が鳴っているのにすぐに出ない。
・電話の話し言葉が雑または横柄な感じがする。

まとめ　初回面談の話の進め方とヒアリング話法⑤

会社の環境
→ 会社の空気は明るく活気が感じられるか
→ 社員の職場環境は、健康的で安全に見えるか

↓

人員の配置は規模に照らして適正と感じるか

仕事の質と量
→ 仕事が回転しているように見えるか
→ 社員の会話が１００％仕事に集中しているか

↓

経理面を社長が把握しているか

社長のスタンス
→ 社長が経営面に目を向けているか
→ 社内に、社長の立場や人格に対する尊敬がうかがわれるか

↓

社長がいつも暇なように見えないか

13 初回面談の話の進め方とヒアリング話法⑥

● いかに相手の話の先回りをするか

　相手をうならせる話題や話の振り方は、自分の存在を大きく相手にアピールすることになり、次回訪問への糸口としてのインパクトを高める。

　しかし、単に相手の質問に答える形だけではこれは成り立たない。コツは、「相手の話の先回りをする」ことであり、話の展開を捉えて期待、あるいは期待以上に話を展開させることである。

　そのためには、現在の取引金融機関を上回るセールス展開を心掛けることである。

　新規開拓では、今取引をしている金融機関を上回るだけの魅力がなければ相手は振り向いてくれない。能力のない担当者はすぐに金利を持ち出すが、金利で売るのであれば担当者自身のセールス能力はそれほど必要ない。セールスとは、セールスする人の魅力で売ってこそ意味があるもので、だからこそ取引が長続きするのである。金利で転ぶ人は、また金利で動く。

● 定量面、定性面について先を読んだ質問や話題を展開していく

　決算内容や企業状況について、見れば分かる表面的な数値や環境あるいは経営状態などを単純に質問するのではなく、そこに隠れている経営の将来的な方向性や見えない事象などを自分の想定を入れながらヒアリングしていくことを心掛けるようにする。

　これにより相手は自分の考えていること、またそれ以上の範囲に自社の話題が膨れることで担当者の言葉に興味を示してくるはずだ。

まとめ　初回面談の話の進め方とヒアリング話法⑥

☆ヒアリング話法の展開例

「会社所在地が借地である」 ── 面談からの情報

⇩

ヒアリングポイント

・月ごとの賃借料はいくらか
・経常利益は、減価償却はどのくらいか

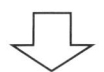

⇩

次回訪問時の話題

「現在の賃借料を考え、利益内返済の範囲で購入できる土地を探してきます！」

「会社の機械設備が古くなってきている」 ── 面談からの情報

⇩

ヒアリングポイント

・減価償却がどの程度進んでいるか
・生産効率、省力化効果がどのくらいマイナスか

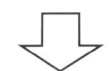

⇩

次回訪問時の話題

「設備規模ごとの返済シミュレーションを持参します！」

14 初回面談の話の進め方とヒアリング話法⑦

●次回訪問につなげるための着眼点の持ち方

　次回訪問につなげる最も重要な着眼点は、相手が次回以降も快く面談してくれるための要因を初回訪問時の話の中から捕捉して、これを目に見える形で持っていくことである。

　そのためには、初回訪問はあくまで自分は「教えを乞う」または「話を聞かせてもらう」といったスタンスで面談することが大切である。最初から「自分の話を聞いてくれ」というスタンスで臨んだ場合、初回訪問ではいろいろな話を聞いてくれても、2回目以降の面談ではすでに種切れになることも多いのが実際。初期段階での訪問時間は長くても20分以内と考え、1回の面談時間は短くして回数を多くすることがコツである。

　相手も忙しいのであり、毎回1時間近く面談できる先などは、企業内容が良好先としては疑わしい場合も少なくない。
　注意ポイントとしては次のとおりである。
・初回訪問では多くの話をしない。
・段階を踏んで計画的に開拓を進める。
・成約を急がない、焦らない。
・次回訪問の目的と日時は必ず決めて承諾を得る。

まとめ　初回面談の話の進め方とヒアリング話法⑦

☆新規開拓「３・５・７」の法則

定性面の聞き取り

実権者への訪問３回目までに
訪問継続先としての妥当性を見る

・新規訪問の場合、３回目までの訪問は定性面を中心に企業状況や財務の方向性、経営者の人柄などを観察して、取引対象先として訪問継続の妥当性を判断する。

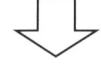

⇩

定量面の確認

訪問５回目までに
取引対象先としての確認を行う

・３回目までに定性面の見極めが終了したら、４回目～５回目で定量面の判断材料となる決算書を求め、取引対象先としての確認を行う。ただし、コンプライアンス上からも融資確約をするというのではなく、融資の指針というスタンスから具体的な提案を構築する条件を整える。

⇩

**取引の開始
取組方針の決定**

訪問７回目までに
取引開始成否や取組方針を決める

・概ね、７回目までの訪問の中で取引方針を定め、取引の開始などを決定づける。打ち切りの場合も、実権者面談の回数としてこの程度を目安とすると良い。

15 初回面談の話の進め方とヒアリング話法⑧

●アポイントなしで全対象先を訪問する

　初回訪問はアポイントなしが最も有効となる。もちろんこの場合、経理担当者や実権者とすぐに面談できるとは限らないが、会社の観察を含めて「アポイントなし」が鉄則と言える。なかなか実権者と面談できない場合でも、面談できるまで「アポイントなし訪問」を続けることが大事である。

　とにかく訪問頻度を高めることを目的としているので、面談できない場合は名刺に必ずコメントを入れて置いてくる。その際、訪問目的や次回の訪問予定日時などを記入しておくことが有効でインパクトを生じさせることになり、ケースによっては相手から電話がくる可能性もある。

　事前の先入観を捨て、会社の建物や名前で訪問を躊躇しないことが大切である。

　また、電話がかかってきたとしても、そこでは詳しい話をせずに約束の取り付けのみにしておくことで、訪問時の話を膨らませることにつながる。

●初回訪問時の実権者とのコミュニケーションの取り方

　初回訪問のとき、面談者から実権者の行動スケジュールやパターンを聞き取る。そのうえで実権者と面談した2回目以降は次に面談できる日時を設定し、そのときに訪問の目的を提示する。

　実権者の経営上の悩みや疑問、取引金融機関への不満、不平など、自行で対応を検討できる項目について聞き出し、それを次回訪問の宿題として持参する（提案として）のが効果的だ。

　どういったケースでも最初は「資金はいらない」と言われるのが普通であり、もし「資金がほしい」と初めから言う先は、「注意を要する訪問先」と考えるように心得ておきたい。

まとめ　初回面談の話の進め方とヒアリング話法⑧

☆継続訪問を行うためのコツ

■経営課題の把握から情報の提供を心掛ける。
・経営課題や不安、悩みを開拓へのツールとして使う。面談による情報収集でポイントを把握する。
・既取引金融機関よりも詳細に丁寧な対応をして、相手に自行をアピールすることがポイント。

次回訪問の内容、日時も伝え、了承をとる

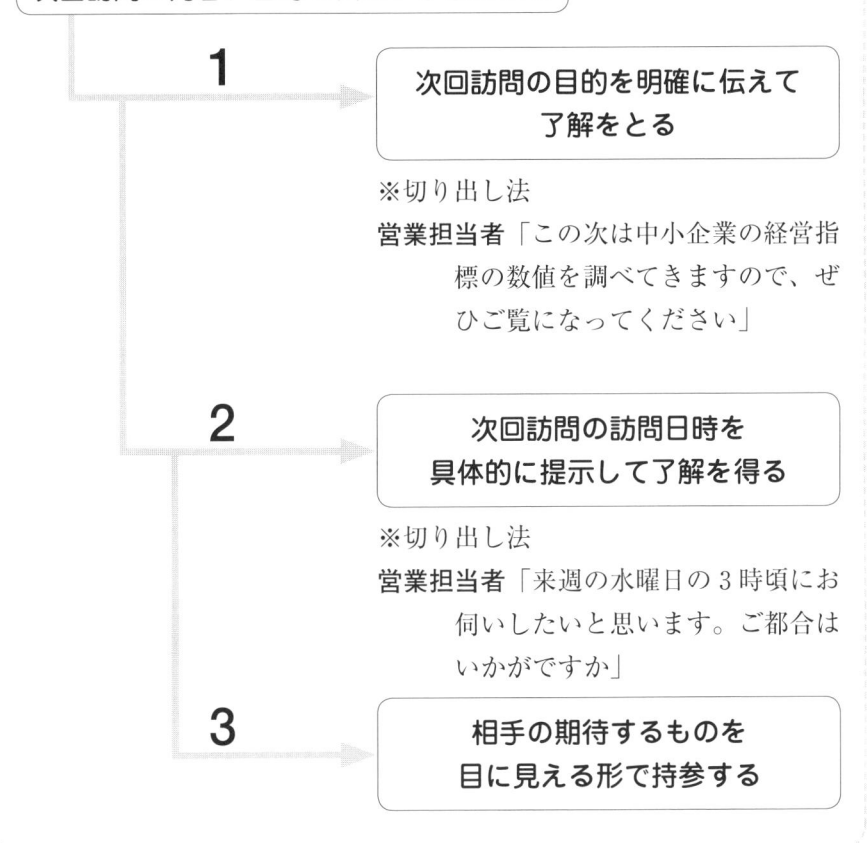

1 → 次回訪問の目的を明確に伝えて了解をとる

※切り出し法
営業担当者「この次は中小企業の経営指標の数値を調べてきますので、ぜひご覧になってください」

2 → 次回訪問の訪問日時を具体的に提示して了解を得る

※切り出し法
営業担当者「来週の水曜日の3時頃にお伺いしたいと思います。ご都合はいかがですか」

3 → 相手の期待するものを目に見える形で持参する

16 問題点を持ち帰れなかった場合はどうすればいいか

●今後の展開などに話題を振る

　企業には多かれ少なかれ、経営上の問題点や課題が存在する。しかし、初回の訪問でこれが浮き上がってこないケースも少なくなく、相手の対応によっては新規訪問した直後から経営上の話に展開していくとも限らない。かえってすぐに自社の悩みや課題を表面に出してくる企業のほうが取引リスクが高いケースもあり、新規の取引推進先として慎重に吟味していく必要がある。したがって、問題点を持ち帰ることをあまり強く意識する必要はない。

　ただし、話題の振り方については、今後の計画や新商品など発展的な話を中心に聞くことで、自然にその企業の強みや弱みが分かってくる。この強みと弱みをそれぞれ資金ニーズに結びつけていけば、自ずと「課題解決型」の提案営業につながるはずである。

　気をつけるべきポイントは次のとおり。
①無理に問題点や課題をキャッチしようとしない。自然体の話の中から探すこと。
②自分の話や自己都合の話題は避け、まず相手の話をよく聞くスタンスを持つ。
③ヒアリングポイントを決めてから2回目の訪問を行うための話題をイメージしていく。

　初回訪問の内容から、2回目の訪問目的や話題を設定することが大切で、情報を提供するスタンスで準備していくといいだろう。

まとめ　問題点を持ち帰れなかった場合はどうすればいいか

☆初めての訪問

　　　　　問題点や課題が出てこない

　　　　　　　　↓

　　　　　相手の話をよく聞いて、企業の強み、弱みを捉える

☆2回目の訪問

　　　　　　　　↓

　　　　　企業の強み、弱みからポイントを定めてさらなるヒアリングを行う

　　　　　　　　↓

　　　　　ヒアリングから問題点や課題を見つける

コラム2　私が経験した現場①

●新規開拓は楽しい

　42歳のとき、私は支店長をはずれて新規開拓専門の仕事に従事することになりました。年間を通して毎日カバンひとつで、全く取引のない企業を回る過酷で熾烈な日々でしたが、この経験が私にとってその後の自分を確立する基盤を作る、すばらしい時間になったのです。

　新規開拓は事業所であれ個人であれ、確かに苦しく困難な仕事でありますが、成果へのプロセスや顧客との駆け引き、さらには成功後の充実感を考えると、これ以上興味を抱かせる仕事はないと思えます。おそらく経験がない人には理解できないかもしれませんが、新規開拓はそれほど面白いものと言えるのです。

　1日100軒の集金をしても疲労感が残るだけで満足感や充実感は少なく、1軒の新規開拓の達成感には遠く及びません。

　連日の新規開拓を通して私は身をもって「実践なくして能力の向上はない」との考えを新たにし、それ以後の部下指導にも積極的な訪問を心掛けさらに具体性をもったセールス活動を重視しました。セールスにおいて、顧客の心を捉えたセールスをしなければ効果は期待できないと考えるのも、この経験からきているのです。

　新規開拓は非常に厳しい面もありますが、夢があり仕事として一番楽しいと感じています。

●笑顔だけでセールスはできない

　営業担当者が顧客から個人名で呼ばれるようになれば、信頼を得たひとつの証と言えます。よくセールスでは「自分を売り込め」と言われますが、自分を売り込むということは、「親しくなって人情に絡んで成果を上げる」ということではなく「顧客が必要とする人になる」ということです。

　むろん金融機関は慈善事業ではなく、セールスは自分の要求や希望を相手に受け入れさせながら進めなければならないのは当然ですが、顧客は自分に

メリットを与えてくれる人を歓迎します。本当の意味で、自分を売り込める人が有能な営業マンなのです。

　金融機関の商品は、預貯金にしろ住宅ローンにしろ、商品性にそう大きな違いはありません。お金に品質や色はないので、顧客は少しでも有利な商品を選択しようとします。しかし一方、金融機関には各々収益基準があって、毎度金利だけで勝負するわけにはいかないのも事実です。

　そこで必要なのが営業担当者の能力を備えた個人としての魅力です。金利を上回る営業能力と、自分の魅力を発揮することが顧客の心をつかむのです。

　営業能力を発揮させるための具体的なポイントは、セールス手法と提案型営業の実行にあると考えます。

　例えば「預金をお願いします」と言って預金をしてくれる顧客はまずいません。「預け替えていただければ、いまならこんなにメリットが大きいですよ」「退職に備えて、近隣の私どもの支店に口座を開設していただければ、このようなメリットがあります」などと、少しでも提案要素を入れて具体的にセールスすることで、相手は考えてくれます。

　個人ローン開拓も、息子家族と同居している老夫婦に対して「お孫さんも増えて増築も必要でしょう。ぜひ一度、息子さんとお話をさせていただきたいのですが、お会いできる時間はいつですか」などと、話に具体性を持たせて展開していくことで、有効面談が可能になるのです。

　将来的な取引拡大をめざす上で大きなネックとなるのが、次世代あるいは後継者との有効面談率です。面談できる日や時間を見極めて、こちらから積極的に足を向けなければいつまでたってもこの問題は解決しません。そのためにも提案を中心とする自分を売り込む営業能力を向上させていくことが必要となります。

●笑顔だけで気持ちは伝わらない

　「顔は笑っていても、辛辣なことを言うね」、営業担当者時代、私はこの言葉を顧客から何回となく受けました。言いにくいことを顔の表情で取り繕おうとした私の本心を見透かされていたようで、半分納得して照れくさい気分になったものです。

顧客に笑顔で接することは営業マンにとって基本的なマナーですが、状況によっては、このように実際に表情の下にある顔を見透かされて内心たじろぐことも少なくありません。とかく金融機関の行員は、必要以上にあるいは場を凌ぐために笑顔を意識して作ろうとしますが、敏感な顧客はそれを察知するものです。
　若い頃は顧客の労りや理解によって通用していたセールス笑顔も、年齢と肩書きが進むとだんだん通じなくなってきます。もちろんマナーとしての笑顔は必要ですが、セールスで顧客と真剣に対峙したときには、内容に応じてそれなりの気持ちを率直に表わさないと、なかなか相手に通じません。
　真意または本音など、本当に自分が伝えたいことを言うときには、誠実さを問われることがないよう、しっかりした顔で話すことが必要となります。また、状況を想定して自分の顔のスタンスを決めておくことも誤解を避けることにつながります。

●仕事の楽しさを見つける
　入社当時の私は、店にかかってきた電話の受け答えにも躊躇するほど未熟でした。その後も決して順風満帆ではなく、20歳代の営業担当のときには仕事の内容に疑問を持って、何度も退職を考えていました。長男であるが故に地元に就職したこともあり、早々には会社も辞められず、苦悩した日々も多かったことを覚えています。
「集金やサービス訪問をするために就職したのではない。顧客の小間使いで走り回って何になる」という葛藤も繰り返しありました。
　そうこうするうちに、顧客が自分の話に耳を傾けてくれるときには、その都度共通したポイントがあることに気づきました。それは「自分の意見や考えを主張したり提案したときに顧客の多くはこれについて考えてくれる。時には自分の考えどおりに動いてくれるし、期待以上の成果にもなる」ということでした。いままでの話法やテクニックに頼ったセールスでは人を動かすにも限度があると考えるようになり、葛藤もだんだん消えていったのです。
　集金やサービス訪問だけの営業活動では何年経っても進歩は望めないことが分かり、事業性融資をはじめローンを絡めた提案活動が楽しくなって、仕

事に意欲が湧くようにもなりました。

　仕事の楽しさを見つけるチャンスは営業担当のときが最も多いのですが、営業以外の係でも自分の取組み姿勢次第でそれぞれに興味を抱けるのが金融機関の仕事です。一般企業の営業マンとは異なり、数年ごとの配置交換でいろいろな仕事を経験でき、立場を変えながらいろいろな人との人間関係を築くことができる仕事は非常に面白く、接客などどんな分野においても、共通して自己啓発できることが多いのです。

　近年、金融機関には中途入社の人も多く見受けられますが、彼らは必ずしも金融機関からの転進者ではありません。したがって、プロパー組に追いつこうと猛烈に勉強するため、瞬く間に追い越されるプロパーもいます。彼らは前職での様々な経験や学習を新たな分野で生かすことが上手で、仕事への充実感を求めてその楽しさややりがいを自分で見つけています。

PART 3

2度目の訪問を行おう

1 持ち帰った問題をどのように判断するか

●課題解決するかたちで提案営業につなげる

　第1回目の訪問の結果から取引対象先としての妥当性を確認のうえ、継続訪問により融資推進を行っていくこととなる。

　初回訪問で持ち帰った問題点を企業としての悩み・経営課題として捉え、提案できる内容について自行の取組方針の中でその範囲や条件を定め、課題解決するかたちで提案営業につなげる。

●融資ニーズにつなげるための引き出し話法

　経営に問題意識を持って、その課題を分析しながら経営者と話をすることがポイントである。お金の話を直接するのではなく、話の中から資金ニーズを引き出していく「資金ニーズ覚醒営業」のためのセールストークを用いる。

　その際、「〜か」は多用せず、「〜ね」等の肯定話法が有効となる。

①製品、商品は何ですか？ ②資金ニーズはありますか？ ③設備資金は必要ですか？ ④担保はありますか？ ⑤マル保の枠は空いていますか？ ⑥お金は何に使いますか？ ⑦何を返済財源としますか？　✕	①製品の話を教えてください ②他社より優れている点をお聞かせください ③販売活動には、工夫が必要でしょうね ④競争力が強いですね ⑤さらに売上を伸ばすためにいろいろご苦労がおありでしょうね　〇
⬇	⬇
御用聞き営業	資金ニーズ覚醒営業

まとめ　持ち帰った問題をどのように判断するか

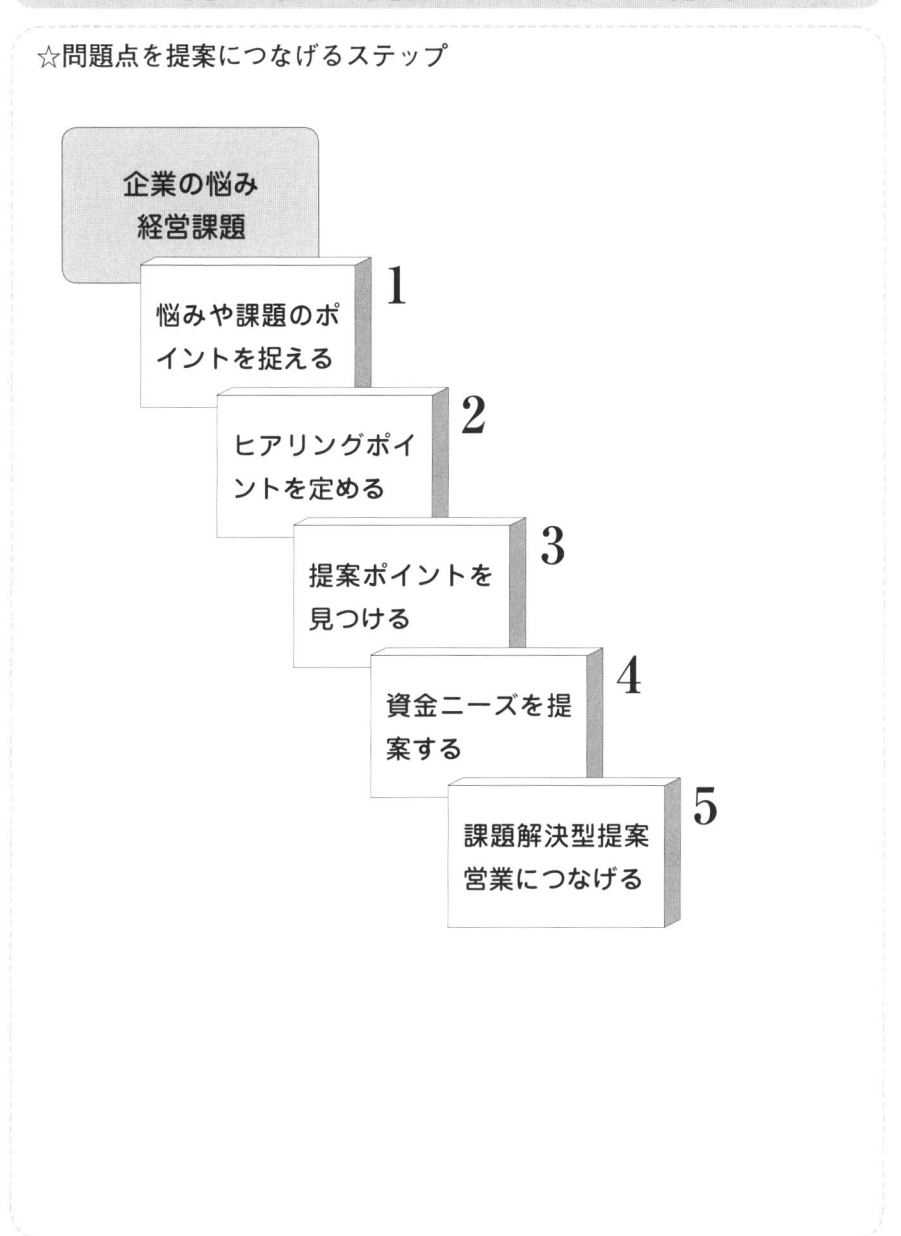

☆問題点を提案につなげるステップ

- 企業の悩み　経営課題
1. 悩みや課題のポイントを捉える
2. ヒアリングポイントを定める
3. 提案ポイントを見つける
4. 資金ニーズを提案する
5. 課題解決型提案営業につなげる

2 「また来たのか」「もう来なくていい」と言われたら①

● 自行の取引要望を打ち出しすぎない

　2度目の訪問のとき「また来たのか」「もう来なくていい」と言われた場合、その原因は初回訪問時の担当者の態度や姿勢、話の内容や展開にあると考えてよい。1回目の訪問なのに初めから自行の取引要望などを強く打ち出しすぎて、相手が否定的な結論を出してしまっているケースなどはこれに該当する。

　初回訪問時における1回の面談時間は長くても20分程度として、訪問の都度、目的を携えていくことが必要であり、セールス内容もタイムリーで相手の要望に合ったスタンスで向かうことが求められる。

● 2度目の訪問が歓迎されないケース

　あらかじめ、初回訪問時にこれらを頭に入れて話をすることで2度目の訪問がスムーズになる。
①初回訪問時は雑談に終始し相手からの情報を次回の訪問目的として利用できなかった。
②初回訪問時間が30分以上と長く、相手が訪問について仕事上の迷惑と考えた。
③2度目の訪問を約束できなかったのに、自己都合で訪問した。
④初回の面談ですでに取引意志がないことを明確にされたのに、再度情報も持たずに訪問した。
⑤相手の忙しい日あるいは時間などを考慮に入れずに訪問した。
　など。

まとめ 「また来たのか」「もう来なくていい」と言われたら①

☆2回目訪問につなぐ初回訪問の失敗を払拭するコツ

初回訪問の成功が2度目の訪問をスムーズにさせる
・お金の話を初めからしない
・相手の話を聞く前に自行や自分を売り込まない

・いろいろあれこれ質問しない
・面談時間は20分以内とする

2度目訪問で「また来たのか」「もう来なくていい」と言われたら
・初回訪問時のスタンスへの反省を告げる
・相手の反応を予想して、あらかじめ企業メリットを含めた情報を用意しておく

・「教えを乞う」という姿勢に徹する
・3度目の訪問日時と訪問目的を約束できる内容で話を進める

3 「また来たのか」「もう来なくていい」と言われたら②

●現在の取引銀行を誉める

　ここでは、2回目の訪問時の謝絶に対する応酬話法について考えてみたい。

　当然ながら、初回訪問時のスタンスに問題があるケースが多いので、素直に前回の反省を述べることである。

「先日は長居をしてしまい申し訳ありませんでした。本日は少しの時間で結構ですので、先日お伺いした社長様のお話の内容から私どもとのお取引の糸口にさせていただけると感じました点について、もう一度お話をさせていただくチャンスをください」

　ところが、「君のところとは取引するつもりはないよ」と反応された場合はどうすればいいのだろうか。

　初回訪問で自行取引を強く打ち出しすぎると、このように謝絶されてしまうケースが多い。まず今の取引銀行を誉めることから始めたい。

「今、お取引されている〇〇銀行さんは、堅実でよい銀行さんですよね。私どもも〇〇銀行さんに負けないように、何かひとつでも社長様にご満足いただけることがないか探したいのです。そして、その中からお取引のきっかけを見つけたいと思っています。何回か訪問させていただき、社長様への情報提供や融資提案にもつなげることができればよいと考えますので、ぜひお話をお聞かせください」

　一方で、「忙しいからそんなに何度も来ないで」と言われる場合もある。

　初回訪問はアポイントなしでの訪問で良いが、2回目以降は必ずアポイントをとるようにすることで訪問が継続する。したがって2回目に話を伺ったあとで、「何度も来ないで」と言われても、謝辞をしつつ次回以降のアポをとる工夫をしたい。

「前回お伺いさせていただきましたとき、社長様の多忙な時間をお聞きせず

に、また今回勝手に訪問してしまい誠に申し訳ございません。私どもは何とか社長様の会社とお近づきになりたいと思っています。社長様のご迷惑にならずにお会いできるのは毎日何時頃でしょうか」

　断りの中で多いセリフが、「資金が必要になったらまた電話するから」である。資金ニーズが今はないから来ないでくれと言われているわけである。
　初回訪問で資金ニーズの有無を聞くかたちの最も下手なセールスを行ったケースだ。これでは既取引銀行に勝てない。
「確かにお取引の銀行さんで資金の調達は十分かと存じます。ただ私は、今必要な資金をお探しするというよりも、3ヵ月後、6ヵ月後くらいのスパンでお金がどのように動くか、あるいはお金の使い方の改善法や工夫についてアドバイスできればと考えています」
　というような形で、既取引銀行の目の届かない将来予測での資金ニーズに相手の関心をもっていくのもよい。

ここがポイント！

　初回訪問で断られても断られ方で2回目訪問で挽回できる企業も少なくない。

今のところ取引する気がない	・話をしても手を休めない ・面談時に担当者の目を見ない ・話が切り出しの段階で切られた　　　　など	初回訪問時の観察
今後の訪問で取引の可能性がある	・2～3の質問があった ・企業の自慢をした ・今後の業績予測を話した　　　　など	

コラム③　私が経験した現場②

●動機とヒントを与えてあげれば

　物事というものは、ちょっとしたきっかけで見方や考え方が変わって飛躍の糸口となることがあります。

　野球のピッチャーなどは、投球フォームを少し変えただけで前年と見違える活躍をすることもあり、素人のゴルフなどでは進歩の余地が無限で、少しの変化でもその効果は大きいようです。

　視点や方法を変えることによってステップアップするのは、スポーツに限ったことではなく、人生そのものを変えて成功する人も多いと思われます。

　これは融資営業においても同じことが言えます。セールスセンスが乏しく、顧客に自分の意志をうまく伝えられないと思えば、話法を顧客の思考に沿った形に変えればうまくいくし、成績が思うように伸びなければ、活動スケジュールを見直して、行動量とセールス手法に手を加えれば必ず良い方向に向かうと思われます。

　現状を変えることで物事は進展するもので、何もしないまま実情を憂いたり悩んだりするだけでは何も生まれません。

　現状を打破するための視点や方法の変換は、当事者である自分自身で行うものですが、動機とヒントを与えて、指導と検証確認のできる管理者がいれば、効果は大きく速いと考えられます。

●門前払いで自己研鑽する

　私は信用金庫の職員時代、新規開拓を専門に年間を通してセールスに明け暮れた時期がありました。だからと言ってセールス大好き人間かというと実はそうではありません。このとき年間80先以上の新規融資の事業所を開拓できた要因は、失敗に次ぐ失敗による経験と、その都度反省して、視点や考え方、あるいは取組み法を変えたり改善した結果によるもので、まさに失敗の連続が自分を育てたと思っています。失敗がなければ何も得るものはなかったし、これが現在の自分をも支えている原動力となっています。

セールスを行っていくうえで、リスクのないセールスなどあり得ません。何もしなければリスクはない代わりに業績は継続的には絶対上がらないでしょう。新規訪問をすれば10社のうち5社は面談できないし、その中の2社は門前払いなのです。

事業性融資だけでなく、若いときに経験した一般顧客への新規取引訪問でも同じです。あるときはインターホン越しにあしらわれ、犬に吠えられ、またあるときは悪徳セールスと間違われ、途中で雨でも降ってくると情けなくなった思いは数え切れないほどあります。

でもこんなことは日常茶飯事であり、気にすることではないのです。プライドを傷つけられるかっこ悪さなどは自分の心の中のことで、誰にも知られないし、セールスで失敗しても相手の要望で訪問したわけではないので苦情も来ません。「自分は前向な仕事に挑戦しているんだ」という自負と自信を持てば、何も恐れることがないのが、新規開拓訪問のセールスであり、実行する勇気があれば、継続力は自然と生まれてくるのです。

●新規開拓は勇気で行う

新規開拓先へのセールスの旅は、門前払いの連続でもありました。しかしこの門前払いも、考えようでは自己研鑽の場となって、いろいろ学ぶことができました。

初回面談はアポイントをとらないこと、経理担当者や実権者と面談はできても仕事の話を極力避けて、会社内の雰囲気や実権者の見極めなどの観察を重視すること、肩書きなどのプライドを捨てることなどを認識しました。

さらに2回目以降の訪問では、積極的な提案や課題提起を行い、こちらのペースに顧客を乗せることが成果につながることを学びました。

これらは少し経験すれば気づくことですが、それをケースバイケースで組み合わせていく技術や工夫には時間と手間がかかりました。

営業担当者が最も避けたいのは、新規顧客への開拓訪問かもしれません。新規の事業所への融資推進対策が叫ばれても、なかなか実行が伴わないのは、具体的な指導が少なく、新規開拓を実践する姿勢が整っていないからだと思っています。

PART 4

事業所開拓の実際

情報収集 → 情報管理ノート → 共有化 → 問題解決

開拓フロチャート

1 効果的な情報収集の方法と管理のフローチャート

●ローラー活動による新規先の情報収集

> 自分の担当地区をローラーマップにより定期的に新規開拓訪問する

- ・自分の担当地区はすべて対象とする。
- ・ローラーマップは事前に作成し（115頁）、使用する。
- ・「情報管理ノート」とローラーマップを連動させる。

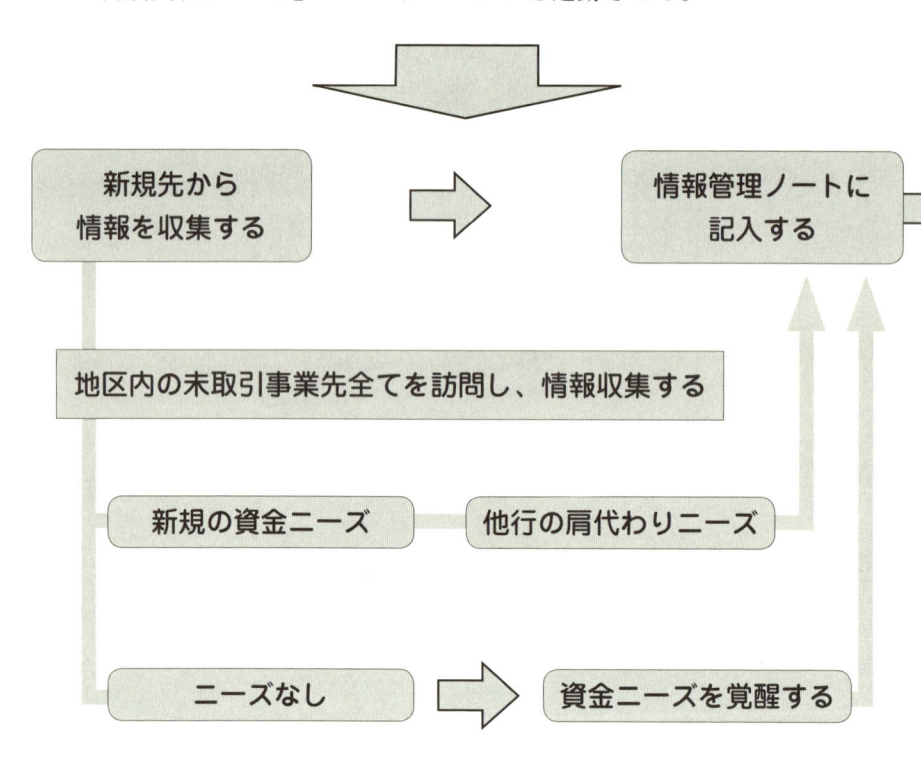

⬇

| 新規先から情報を収集する | ⇒ | 情報管理ノートに記入する |

> 地区内の未取引事業先全てを訪問し、情報収集する

| 新規の資金ニーズ | 他行の肩代わりニーズ |

| ニーズなし | ⇒ | 資金ニーズを覚醒する |

PART 4 事業所開拓の実際

店内における情報の共有化

- 情報は、初めは詳細を聞き出せなくても、訪問の都度、内容を聞き取って具体的な情報としていく。
- 「情報管理ノート」※は日報とともに、1日のうちに各役席の目を経て、支店長に届くシステムとする。
- 情報に対する行動はスピーディに行う。役席は具体的行動を指示し、行動で支援していく。

⬇

課題解決型提案営業を推進する

※「情報管理ノート」(54頁)
　収集した情報に基づいて、継続推進していくためのツール

継続訪問で情報を成約に結びつける

情報管理

⬇

新規事業所開拓見込先

「見込先進捗管理表」によって、日を追って時系列で管理する

※「事業者融資見込先進捗管理表」は182頁を参考に、必ず作成して活用する。

◎進捗管理のポイント

- 中途で日を空けずにスムーズに手続きが進んでいるかどうかを確認していく。
- 書類の不備など、進行を妨げる事項が生じた場合は放置せず、日を限って徴求するようにしていく。
- 肩代わりの場合、肩代わりする金融機関の動きに注意を忘らないこと。このために途中の段階でも進み具合を顧客に報告して念押しをして借換えの意思を確かめておく。

2 既取引先からの情報収集と管理のフローチャート

既取引先で取引が欠けている項目をピックアップする

・事業性貸出のメイン化を目標として取引の拡大をしてほしい項目をピックアップして、これらの取引の可能性を見つける情報収集訪問を行う。
・メインバンクとの取引状況など、今後取引拡大を進めていくうえでの付帯情報を完備する。

⬇

メインバンクの対応状況を聞き取り、自行のスタンスを確認する。

取引拡大への情報収集 ➡ **情報管理ノートに記入する**

地区内の既取引事業先全てを訪問し、情報収集する

新規の資金ニーズ　　**他行の肩代わりニーズ**

ニーズなし ➡ **資金ニーズを覚醒する**

PART 4　事業所開拓の実際

```
          ┌──────────────────┐          ┌──────────────────┐
          │ 店内における情報の共有化 │          │ 継続訪問で情報を   │
          │                  │          │ 成約に結びつける   │
          └──────────────────┘          └──────────────────┘
```

- 情報は、初めは詳細を聞き出せなくても、訪問の都度、内容を聞き取って具体的な情報としていく。
- 「情報管理ノート」※は日報とともに、1日のうちに各役席の目を経て、支店長に届くシステムとする。
- 情報に対する行動はスピーディに行う。役席は具体的行動を指示し、行動で支援していく。

```
          ┌──────────────────┐
          │ 情報管理          │
          └──────────────────┘
                  ↓
          事業所開拓見込先
```

┌──────────────────┐
│ 課題解決型提案営業を │
│ 推進する   │
└──────────────────┘

※「情報管理ノート」（54頁）
　収集した情報に基づいて、継続推進していくためのツール

┌──────────────────────┐
│「見込先進捗管理表」（既取引 │
│　事業者用）によって、   │
│　日を追って時系列で管理する │
└──────────────────────┘

※「新規融資見込先進捗管理表」は130頁を参考に、必ず作成して活用する。

◎進捗管理のポイント

- 中途で日を空けずにスムーズに手続きが進んでいるかどうかを確認していく。
- 書類の不備など、進行を妨げる事項が生じた場合は放置せず、日を限って徴求するようにしていく。
- 肩代わりの場合、肩代わりする金融機関の動きに注意を怠らないこと。このために途中の段階でも進み具合を顧客に報告して念押しをして借換えの意思を確かめておく。

③ 地域ローラーマップの作り方と活用方法

●地域ローラーマップの作り方

　自分の担当地区をいくつかに細分化し、ローラーのしやすい地域別のマップを作るのであるが、手順としては以下のとおりである。
① 地図をコピーして地域ごとに台紙に貼り付ける。
② 地図はあらかじめ次の色塗りによって、取引状況の分かるようにしておく。
（例）
・集金に行っている先…赤（集金先はすべて）
・定期預金のみの先…黄 ⎫
・ローンのみの先…青　 ⎬ 集金のない先
・訪問不要先…紫

●地域ローラーマップの活用方法

　次に、具体的な活用方法を考えてみよう。
① 1ヵ月のうち最低10日間はこのマップによる活動を展開する。
② 毎日新規開拓を行う必要はないが、この地域への訪問活動を実施することで、この中から各種ニーズを把握していく。10日間を目安に当該地域の全世帯を訪問する。
・マップは取引の拡大や変更ごとに色を変える。
・マップは情報管理ノートと一体で活用する。
・マップにはメモ書きは絶対しないこと（持ち出し時の安全のため）。
・マップは日報と連動して提出するとともに管理保管も日報と同じとする。
③ 地域ローラーマップは、キャンペーンにも利用する。
④ 地域開拓をしたときは、このマップと情報管理ノートを日報とともに提出する。

まとめ　地域ローラーマップの作り方と活用方法

☆ローラー訪問の場合、「情報管理ノート」とローラーマップを活用する

地域区分の例

山家町1丁目	山家町3丁目	
山家町2丁目	谷町1丁目	北町1丁目
	谷町2丁目	

・ローラーマップは、町内ごとに担当地域を個別に分け、各々台紙に貼って利用。
・未取引先と既往取引先を色分けで判別。
・既往取引先は集金先と未管理先（預金や融資取引はあるが定例訪問されていない先）とを色分けで判別できるようにする。
・訪問不要な先（訪問リスクのある先）は、あらかじめ調査して訪問から除外する。
・新規開拓の都度、色分けしていく。

4 情報収集の流れと管理の方法

● 「情報の管理システム」を構築する

　訪問した事業所からの情報を担当者だけの情報とせずに、これを営業店内において共有化し、知恵や工夫を重ねながら最も的確な提案営業を行うことが新規開拓を効率よく成功に導く方法である。

　そのためには店内に「情報の管理システム」を構築することがポイントとなる。

　「情報管理システム」とは支店長以下全員が情報を共有する体制のことである。この運用の流れは次のとおりである。

①現在使用中の自行の情報収集ツールを「情報管理ノート」などのように統一したしっかりとしたツールに作り直す。その際には、見直しを随時行うとともに、毎日の継続活動を徹底する。

②「情報管理ノート」により情報を共有化する。

③「情報管理システム」を確立し全店統一させ、実行の検証・確認を厳しく実施する。

④支店長以下全員が情報の重要性を理解し、意識統一と具体的手法を細かく示し徹底する。

PART4 事業所開拓の実際

まとめ　情報収集の流れと管理の方法

☆情報収集と情報管理の流れ

```
        企業情報の収集
             ↓
        情報を共有化する
             ↓
   ┌─────────┴─────────┐
情報の進捗管理         情報の継続管理
を徹底する             を徹底する
   ↓                     ↓
継続推進、打ち切りを判断する   見込先として成約への推進管理
                              を徹底する
```

117

5 情報の管理システム

●地域開拓（新規開拓、既往取引、また事業所・個人の区別のない場合）の「情報管理ノート」を活用した情報収集例

　情報を入手した場合には、役席や他の営業マンと共有することで、その後のセールスがスムーズにいくことになる。情報の共有化、管理の方法は次のとおりである。

①情報を共有化する　　　　　　　　　　　（共有）

「情報収集」を定期的に実施 → 1 → **情報管理ノートを検証**

誰がどの地域を、どのくらいローラーしてどういう内容の情報を収集したかを「情報管理ノート」に記入する。
・情報条件は、あらかじめ会議により決めておく。情報の内容のレベルを定める。
・情報会議は、毎日必ず実施する。
・情報収集者の意見と収集確度を確認。

・担当者→担当役席→融資役席→次長席→支店長席
・必ず関連部署に回覧する。
・記入後は翌日の午前中に支店長まで到達させる。
・稚拙な情報は、都度指導し、レベルを保つ。
・稚拙な情報でも、初めは担当者を叱らず情報レベルを向上させる指導を繰り返す。

　　　　（共有）　　　　　　　　　　　　（共有）

→ 2 → **情報の確認対応** → 3 → **情報への方針戦略を指示**

・支店長、役席が判断して内容の重要度、緊急性などから、担当者では重い事項は複合管理として、複合管理者を決める。
・苦情等もこれに含める。
・情報の裏付けをとる。
・誤情報は削除する。
・支店長、役席は必ず意見、指示コメントを記入する。

・ほんのわずかな情報でも、見方により大きく拡幅できる。
・支店長は、情報の確度を見て、方針と戦略を決定し、迅速に行動を指示あるいは、自ら行動する。
・支店長は、必ず意見指示コメント、方針、戦略指示を記入して残す。

②情報収集の進捗状況を管理する

（進捗管理）	→ 1 →	（進捗管理）	→ 2 →	（進捗管理）
情報管理ノートの検証		**情報への戦術対応**		**情報への対応停止、打ち切り**
情報収集活動とその内容に、結果について担当者→担当役席→融資担当者→融資役席→次長→支店長まで日報と合わせて記入翌日の午前中に回覧。 ・情報の成果可否まで、これを繰り返す。 ・支店長、役席は必ず意見、指示コメントを記入する。		情報が成果になかなか至らず、推進が滞っている場合は、戦術は担当役席が決めるのがベター。 ・なぜ、成功しないかを検討する。 ・情報会議は毎日必ず実施する。		情報内容が、時期尚早あるいは条件未達などで成果に直結しないと判断した場合は対応を停止、もしくは打ち切る。 ・当初の情報提供者には必ず経緯と理由を説明し理解を得る。

③情報を継続管理する

（継続管理）	→ 1 →	（復活管理）	→ 2 →	（見込先から成約醸成）
情報管理ノートを検証		**情報管理ノートから過去の情報を検証**		**見込先推進管理表に記載**
・長期にわたって継続的に情報を管理していく必要があるものは、定期的な訪問を指示する。 ・情報管理ノートの「番号管理」をしていく。支店長・役席は進捗に留意して日報を検証・確認する。		・以前の情報が、条件や競合状況の変化等により見込対象となった場合は、迅速に対応するため情報を集積して、復活させる→別紙で重要情報一覧表を作成しておく。 ・重要情報一覧表は、支店長が作成、管理。		情報はここで初めて見込先となる。

コラム4　モチベーションを高めよう①

●情報活動を見直すことで業績の飛躍が期待できる

　情報活動を業績の源と考えて、自分ではそれなりに工夫して活動していると思っている人も少なくないのではないでしょうか。しかし実績が上がらないのは、意識がまだ不足していると同時に行動・管理における手法や方策が確立していないことや、管理体制の構築が不十分なことにその原因があります。

　これは営業店の最高管理者である支店長の責任であり、本部の営業推進担当部の問題でもあります。

　ではどうしたら良いのか。それは情報活動に限らず、営業推進における最低ラインの意識と行動、また管理レベルを厳格に示すことであり、実行が確実に行われているかどうかを確認し、検証するシステムを構築することです。この体制は本部の営業推進担当部に頼らなくとも営業店単体でも作ることができるものなので、すべては支店長の遂行意欲とセンスに委ねられ、部下の行動管理能力によって決まると言って良いでしょう。

●業績不振の理由は自分の職務責任の遂行度にある

　業績が上がらない原因の多くは、営業店内部にあります。これを真摯に見直す気持ちがないと前進はなく、いつまで経っても自己合理化に終始してしまいます。営業担当者、役席、支店長はそれぞれに自分の職務責任と照らし合わせて今の営業活動を反省すべきであり、これができない人は職位失格と言わざるを得ません。

　また「忙しい」を連発している支店長や役席を時々見かけますが、問題はこの「忙しい」の中身にあります。往々にして支店長や役席が営業担当者レベルの仕事で走り回っていることが少なくないのです。支店長が営業担当者レベルの仕事内容に終始しているのであれば、給与も営業担当者と同等でよいはずです。役席にしても同じこと。また営業担当者においても、融資開拓もしないで集金専門ならば名刺を「集金専門係」としてパート採用とするの

が営業経費上からも適当と言えるはずです。

　業績が上がらないときこそ各自が自分の職務責任を見直し、行動を変えていく努力が必要なのです。

●情報収集、提供活動の活性化には行員の能力向上が不可欠

　いくら優れた教科書や参考書、あるいはハイレベルな研修を受けたとしても、それを実践できる人材が育っていなければ何の役にも立ちません。業績は理論だけで達成できるものではなく、また一部の役席だけで向上できるものでもありません。行員全員の頭と体を使い、たくさんの汗を流し、失敗を重ねながら、工夫や改善の結果として成り立ったものが一番評価できるのです。なぜならこの過程によって人材が飛躍的に育つからであり、人材が育つことによって業績が持続的に伸展するからです。

　多くの中小金融機関において行員の能力向上が重要な課題となっていますが、その中でも融資対応能力の向上が最も求められています。預金獲得は誰にでもできると言っても過言ではありません。問題は融資について自発的に新規開拓を日々実践し、その中で見込先を発掘して自分の考えや方針を確立したうえで、最終稟議までを完結できる能力を身につけることにあるのです。

　情報活動はその初歩の段階として位置づけられるため、必要不可欠とものとなっているのです。

6 企業の悩み、経営課題のヒアリングポイント

●相手の話をよく聞くことから始めよう

　企業の悩み、経営課題は相手から聞き出すのではなく、定性面を中心とした経営形態の変化などの話や、決算数値等からの定量面の捕捉などから察知し、経営者との話を通じて資金ニーズを覚醒させながら、提案を組み立てていくことが必要となる。そのためには、まず「相手の話をよく聞く」姿勢が最も大切である。

	企業の悩み、経営課題	主な悩み、課題のポイント	主なヒアリングのポイント
1	業績の不振、業績の低迷	売上げの低下、伸び悩み 利益の減少、伸び悩み 価格競合の激化	売上げの低下、伸び悩み ・一時的か根本的原因か、今後の見通し ・在庫の状況（月商比在庫）と販売見込み 利益の減少、伸び悩み ・生産コスト、元請の要求状況、価格競合、経費の増加、今後の価格見通し
2	業績における将来的な不安（構造不況型業種）	商品の時流からの退化 少子化による需要低下 高齢化社会による需要減	商品の時流からの退化 ・将来の生き残り策、現状推移による見通し、現有技術による商品の転換、他社動向 少子化、高齢化社会に伴う環境要因による需要の減少 ・業界の方向性、淘汰の状況、他業への転換の可能性、資産利用による再出発
3	資金繰りの改善、資金調達の不安	月返済額の負担が大きい 中長期の資金繰りが不安 在庫増加による滞貨	資金繰りの中長期的な見通しを確認をする ・借入総額に対する短期借入金の比率 ・長期借入金の返済期間と相関する設備投資との期間比較 ・長期借入金の本数 ・資金回収の安定性、今後のキャッシュフローの推移 ・資金の調達と流れを的確に摑んでいるか

	企業の悩み、経営課題	主な悩み、課題のポイント	主なヒアリングのポイント
4	後継者が不在	跡取りがいない 子供が跡を継がない 能力のある後継者がいない	事業継続意欲について聞く ・優良企業の場合＝M＆Aへの考え ・業績不振企業の場合＝廃業、縮小の考え M＆Aの売り企業の発掘ポイント ・代表者が60歳以上の創業社長で後継者不在 ・特殊な技術、強力な販売網、人材を有する ・将来的に発展の見込める業種である
5	後継者の育成	後継者の能力が不十分 若年で勉強意欲がない 社員の信頼に欠ける	・後継者として必要な能力や信望について教育を行っているか ・後継者に責任能力を示す機会を与えているか ・現代表者と経営における意見の相違を解決しているか ・オールラウンドで仕事を把握できる立場を与えているか
6	社員のモチベーション教育の向上 社員の高齢化 人手不足	社員が定着しない、仕事意欲が低い 平均年齢が60歳を超え、新人もいない 有能な営業マンや技術者がほしい	・経営方針、経営理念にきちんと盛り込まれているか ・方針や理念が社内で具現化されているか ・労働に関する法律が遵守されているか ・優秀な人材を確保するための採用条件はどうか（賃金、労働条件、福利厚生面など） ・経営者が社員とのコミュニケーションを頻繁に図っているか ・朝礼の励行、話の内容はどうか
7	販路の拡大	売上増加に伴う販売拡大 ビジネスマッチングの活用	売上げの増加について ・売上増加原因は何か、一時的か継続するか ・人件費や仕入費用はどの程度増えるか ・売上げの回収状況と支払サイトはどうか ビジネスマッチングへの興味を聞く ・販路拡大、仕入多様化への要望を探る

	企業の悩み、経営課題	主な悩み、課題のポイント	主なヒアリングのポイント
8	設備の老朽化 新設備への投資不安	設備老朽化による生産効率悪化 投資対効果による不安	設備の老朽化によるデメリットを聞く（緊急性） ・老朽化による受注減があるか（元請の要求） ・生産コストが上昇していないか ・事業継続と設備更新のバランスは良いか 新設備によるメリット、不安を聞く ・必要不可欠な設備投資か ・投資回収と利益メリットはどうか
9	ＩＴ化	ＩＴ化の遅れの是正	なぜIT化が進んでいないか ・IT化の必要性は認識しているが資金がない ・IT化の必要性を感じていない 現在の製品（商品）管理状況を聞く ・販売管理、在庫管理、顧客管理など ・ＩＴ化しないで消費者ニーズにどう対応するか
10	Ｍ＆Ａへの認識と情報不足	Ｍ＆Ａの理解不足 Ｍ＆Ａの情報不足	後継者がなく事業の廃止を視野に入れて従業員の雇用や長年の顧客を守るため（一般のＭ＆Ａのパターンとして最も多い） Ｍ＆Ａの売り企業としての条件を探る ・特殊な技術がある ・強力な販売網と人材を有する ・財務内容が良好である
11	メインバンクに対する不安・不満	融資限度の設定 アドバイス機能への不満 融資条件への不満	メインバンクへの不満を聞き取り、状況を見る ・メインバンクの対応が遅い 　事務対応上の問題＝企業の信用はどうか 　融資判断上の問題＝企業の財務悪化はないか ・融資条件 ・顧客要望への対応状況

	企業の悩み、経営課題	主な悩み、課題のポイント	主なヒアリングのポイント
12	不動産の取得、活用による資産の増加 不動産売却による債務の軽減化	遊休不動産の活用 利益による会社資産の増加 不採算、遊休不動産の処分	事業計画から工場設備、生産ラインの増加 ・不動産の取得計画、規模、条件など 遊休不動産の活用、処分 ・所有目的、利用計画、売却予定、売却による債務軽減、適地の購入

7 推進先を攻略するための提案ポイント

● 推進先の資金ニーズ展開を考えてみる

	企業の悩み、経営課題	推進先への提案のポイント（例）	資金ニーズの展開
1	業績の不振、業績の低迷	売上げが伸びている場合の運転資金を検討する ・売上げ増加→在庫減→新たな在庫手当→在庫仕入れ資金 売上げが低下、伸び悩んでいる場合、その原因をカバーできる要素を見る ・売上げ減少→滞留在庫→在庫の流通見込み→企業体力→滞貨資金 利益の減少、伸び悩みは原因から支援策を考える ・生産コストの削減→経費の節減→省力化→企業体力→省力化資金	増加運転資金 減産資金 在庫資金、滞貨資金 省力化設備資金
2	業績における将来的な不安（構造不況型業種）	生き残り策としての支援を検討する ・新商品の開発、技術再利用による商品転換、規模縮小、省力化、他部門他業態への転換 資産利用による再出発を試算する ・資産売却による債務軽減化、資産再利用による再出発計画、廃業による再出発計画 ・資産の余力がある場合、不動産賃貸業などへの転換	商品開発資金 （長期運転資金） 資産利用による事業計画資金
3	資金繰りの改善、資金調達の不安	キャッシュフローを見て、長短借入金の適正なバランス・返済額へ資金繰りを調整する ・長期借入金の中から、一本化できるものをまとめ、月々の返済負担を減少させる ・返済期間の短いものを適切な期間に切り替える ・他行分は貸出条件緩和 不良債権化を回避＝肩代わりする不安を解消する ・経営改善計画の構築、遊休資産の入担、保証協会枠の確認	長期運転資金 繋ぎ資金 他行肩代わり資金

	企業の悩み、経営課題	推進先への提案のポイント（例）	資金ニーズの展開
4	後継者が不在	M&Aを考える場合、売り手企業としての価値を検討して売却を進める ・技術力（特殊技術、知的財産権など）に優れているか ・強力な販売網、特殊技術を持った人材が存在するか ・財務内容に傷がないか（長期的に安定収益企業であること） 廃業、縮小を検討する ・財務清算価値を見て、債務が残らない形での廃業、転換を検討する	
5	後継者の育成	後継者の育成を支援する ・自行内の後継者サポートシステム（若手経営者の会など）への参加要請 後継者とのコミュニケーションを活発化する ・財務面の変化や見通しについて、定量面、定性面の双方からの自社分析を中心としたコミュニケーションを定例化する ・後継者の事業継承へのサポート体制を構築し、時期を提案する	後継者の自社株取得のための資金
6	社員のモチベーション 教育の向上 社員の高齢化 人手不足	・賃金形態の見直し、勤務環境などの他業態との比較 ・福利厚生面向上のアドバイス ・社員教育に講師派遣 ・人材雇用条件の見直しなど具体的支援の実施、同都市、同業種、同規模における給与体系、労働条件の比較 ・シルバーバンクの活用	人材教育関連資金 人材募集広告資金
7	販路の拡大	売上げの増加により、これに伴う資金調達について必要額を算出して提案する ・増産のための資金：増加運転資金、設備増設資金、在庫仕入資金、人材募集用広告費　増加人件費 ・回収、支払条件による資金：繋ぎ資金 　（回収、支払いのバランス） 販路拡大を中心とするビジネスマッチングフェア等への参加に協力、支援する	増加運転資金 設備増設資金 繋ぎ資金 納税資金

	企業の悩み、経営課題	推進先への提案のポイント（例）	資金ニーズの展開
8	設備の老朽化 新設備への投資不安	設備を更新する場合と現状設備のままの場合を比較検討し、設備計画の試案を提示する ・設備計画試案の策定 　設備資金投資に基づく売上増加、売上原価（コスト）の削減（人件費の削減、労務費の減少など）等における設備対効果シミュレーションを基に、返済財源の確保、事業の継続性、生産製品の受注の安定性、利益の確保などを考慮する	設備更新資金 設備拡充資金
9	ＩＴ化	ＩＴ化のメリットについて説明する ・ＩＴ化により、売上げや収益拡大のチャンスを拡大 ・競争の中でＩＴ化が重要な要素であること ・ＩＴ投資に関する支援制度の活用（日本政策金融公庫等） ＩＴ化は生き残りのための必須条件であることを認識させる＝ＩＴ化の経費試算を提示（見積りのシミュレーション）する	設備資金 ＩＴ化教育、社員育成関連資金
10	Ｍ＆Ａへの認識と情報不足	Ｍ＆Ａの形態として「業務提携」「営業譲渡」「株式取得・交換・移転」「合併」といった形態や、会社の全部あるいは一部の売却という方策も考えられる ・営業斡旋、不動産情報の提供、ビジネスマッチングへの参加協力、買い手企業に売り手企業を紹介する ・外部機関に委託することを含めて、本部との連携の中で企業実態に合わせた提案を行う	
11	メインバンクに対する不安・不満	メインバンクへの不満を自行でカバーできるかどうかを検討する ・メインバンクの取扱状況から企業の信用度を探る（融資条件：金利、融資限度、担保、保証人、今後の融資対応スタンス） ・メインバンクに先駆けた提案を考える、事業計画でメインバンクがまだ知り得ていない内容に対してスピーディに提案書を作成し、具体的な話し合いに入る（新商品開発、工場拡充など）	肩代わり資金 増加運転資金 設備拡充資金

	企業の悩み、経営課題	推進先への提案のポイント（例）	資金ニーズの展開
12	不動産の取得、活用による資産の増加　不動産売却による債務の軽減化	事業計画から生産高（売上高）の確保への設備を検討する ・不動産物件の紹介、設備計画への協力、投資後シミュレーション 遊休不動産の活用、処分を具体的に提示する ・現状維持に係る経費負担、将来の活用見通しなどから企業の実態に沿って活用や処分を検討する	土地購入資金 設備資金

－課題解決による－
新規需資見込先進捗管理表

担当地域　太平洋3丁目、4丁目

対象先名	取引	経営上の課題	興信所診断	具体的な経営課題内容
山田産業㈱ (業種：プラスチック加工業)	新規・㊀深耕㊀	売上げの減少 利益の減少 価格競合の激化	TSR 57点	競合商品がベトナムで生産されており、生産コスト面で不利、このままでは売上げの低下と利益の低下傾向が続く。コストを下げて利益の改善と売上回復が課題。
	新規・深耕			
	新規・深耕			
	新規・深耕			
	新規・深耕			
	新規・深耕			
	新規・深耕			

PART4　事業所開拓の実際

記入例

担当者＿＿＿＿＿＿＿＿＿＿

訪問による状況認識	提案する資金 （金額・融資条件）	確認印	支店長	訪問履歴 （有効面談）		
機械設備が老朽化しており、財務データでも減価償却が進んでいる。売上げの回復とコストは最新設備の導入で対抗できる見通し。	機械設備資金　5,000万円 （有担、10年返済、固定金利3.5%） 遊休不動産の入担			2/8	2/28	3/8

8 資金ニーズにつながる情報の聞き出し方

●避けたい「御用聞き営業」

　融資開拓における新規訪問において、避けなければならないのが「資金はいりませんか？」に代表される「御用聞き営業」である。「御用聞き営業」は、企業の資金ニーズを経営者の一方的な観点から聞き取るだけに過ぎないからだ。

　新規開拓を成功させるには、訪問した企業の経営環境や実態などから企業の悩みや経営課題を捉えて、それを解決するかたちで資金ニーズを顕在化させる融資提案を行い、顧客の満足度を満たして新たな取引を構築することがポイントとなる。

　資金ニーズにつながる情報のフローは次のとおりである。
①企業の実態面を話題に話を切り出す
⇩
②企業の悩みや経営課題に話を進めて、取引につながる情報を聞き出す
⇩
③具体的な融資提案を行う

まとめ　資金ニーズにつながる情報の聞き出し方

企業の実態面を話題に話を切り出す

営業担当者「毎日夜遅くまで工場が稼働していますね。帰りに通るたびに電気がついていますよ。利益も順調に上げられてご繁盛ですね」
社　長「いや仕事と売上げはあるんだけれど、儲からないんだ」
営業担当者「ご謙遜でしょう。でも利益の確保は大事ですから、社長様のおっしゃる、儲からない理由を教えてください」

営業担当者「ずいぶんと従業員の方々がおられますね。これだけの規模になりますと、人の管理もご苦労が多々おありなのでしょう」
社　長「いや～人の数だけは多いけど、その分働いていないよ」
営業担当者「利益には人件費の影響が最も大きいですからね。経費の削減はすでにされているでしょうから、あとは省力化ですね。機械設備の新設による人件費削減はご検討されましたか」

営業担当者「社長様の会社なら、メインバンクの○○銀行さんも足しげく見えて、情報もたくさん持って来られるでしょう」
社　長「融資の要望に応えてくれるけど、とにかく対応が遅いんだよ。それに情報提供やアドバイスもあまりないしね」
営業担当者「私どもは情報提供には自信があります。決算書を拝借できましたら、次回訪問時に、同業種の同規模比較による御社の水準をご報告させていただきます。ぜひご覧になってください」

企業の悩みや経営課題に話を進めて、取引につながる情報を聞き出す

営業担当者「先日は初めての訪問なのに、いろいろ教えていただきましてありがとうございました。たいへん参考になりました。ところで前回、社長様から御社の課題（※）についてお話をお伺いいたしましたが、本

日はこの件で、もう少し詳しくお伺いしたと思いますので、よろしくお願いします」※御社の課題は、以下の課題に置き換えて考える。

> 課題別トーク例による聞き取りポイント

1　売上げの低下、伸び悩み
営業担当者「売上げが低迷しているとのお話でしたが、これは一時的な要因ですか、それとも根本的な理由でしょうか。今後の見通しについては、社長様はどのようにお考えですか」

営業担当者「現在の在庫状況は、月の売上げに対してどの程度ですか。在庫の流通見込みはどうでしょう。在庫が整理できるまで運転資金が必要になりそうですね」

2　売上げの増加
営業担当者「売上げが予想以上の伸びとのことでしたが、この状況はどのくらい続くと推測されますか。在庫も減少していると考えますと、新たな在庫手当も必要となってきますね」

営業担当者「商品が時流に乗っていますから、これからも売上げの上昇は続きますね。売上増加に伴う資金の調達はメインバンクの○○銀行さんで十分でしょうか。資料を拝借できれば、私どもで運転資金の必要額を、ご参考までに試算させていただきたいと思います」

3　利益の減少、伸び悩み
営業担当者「利益の低迷は頭が痛いですね。生産コストはもっと削減できるのではないですか。価格競合は今後も続くと思いますが、今後の価格見通しについてはどうお考えでしょうか。経費もきっと削減できるはずです。一度、経費の全体的な見直しをさせていただけませんか」

営業担当者「受注は順調にあっても、元請企業からの価格要求が厳しくて、悩んでいる企業がたくさんあります。でも、新しい設備投資による増産で、生産コストの削減を狙えそうですね、私どもで試算してみましょ

う」

4 資金繰りの改善、資金調達の不安

営業担当者「毎月の返済額の負担が大きく、中長期での資金繰りにご不安をお持ちのようでしたが、『借入金に対する短期借入金の比率』『長期借入金の返済期間と見合いの設備投資との期間比較』、また『長期借入金の数』などについて、決算書を拝見できれば、すぐにでも検討させていただきます。社長様のお話から、資金回収の安定性については問題ないようですので、キャッシュフローから長短借入金のバランスを見て、毎月の返済額を再構成してみます。この場合、現在お取引の〇〇銀行さんからの借入金を、私どもの銀行でまとめるかたちになりますので、これは受け入れてくださることが前提となります。保証協会枠と不動産の担保につきましては、後日ご提案の中でご説明いたします」

不動産の取得、不動産の売却による債務の軽減化

営業担当者「先日のお話の中で、販売店舗の拡大計画をお聞きしましたが、私どももこれを機会に、お取引のお仲間に入れていただきたいと願っております。現在総力をあげて、社長様のご期待に沿えるような不動産物件を探しております。新店舗開設計画にかかる投資シミュレーションを含めて、近日中にはご報告とご提案をさせていただきたいと思います。ご覧いただければ嬉しい限りです」

営業担当者「先日、社長様から債務負担の軽減を目的に、自社所有地の売却のご計画をお聞きしました。業種的に構造不況型で先行きの見通しが必ずしも明るくないこと、また経費コストの削減も限界と伺いました。社長様のご決心が固いようでしたら、ぜひ、私どもに、お手持ちの遊休不動産の活用、また処分についての具体的なご提案をさせていただきたいと思います」

具体的な融資提案を行う

営業担当者「このたびは、ご提案の検討につきましてご了解いただきまして、本当にありがとうございます。早速ですが、ご説明申し上げます。途中、ご理解やご納得のいかない部分や、また新たなご希望などございましたら、その都度ご指摘ください。では説明に入らせていただきます」

⬇

課題解決型提案営業の実践

ここがポイント！

訪問時の話法は「〜ですか」の質問形式を多用せず、ある程度の推測や予想を話して、これに呼応する形で相手の口を開かせることが実践面では効果がある。

そのためには、事前の調査をしっかり行うとともに、初回訪問から面談時の仔細な情報も聞き逃さずにメモをしておくことが大切となる。経営者がふと漏らした言葉に経営への悩みや不安が多いのも事実だ。

PART 4　事業所開拓の実際

9 5つのケースによる課題別セールストークのトレーニング

●段階的セールス手法で成約につなげる

　訪問による面談の中で、企業の悩みや経営課題、生産、販売などの動向や市場環境など様々な状況から企業の方向性を的確に捉える一方、それぞれの資金ニーズをあらかじめ想定する中で、それを覚醒させて課題解決型の提案営業へ結びつけていく方法について、これまで述べてきたが、ここでは「新規セールス話法の実例研修と段階的セールス手法の実践」に関して説明する。

　企業の悩みや経営課題のポイントをつかんで、資金ニーズを引き出す際、1回の訪問ですべてをクリアしようとすると失敗する。成約への効率的なセールスは、段取りを踏まえて進捗状況に照らし、段階的にセールスを行うことが最も功を奏する。
　この段取りとは、「相手の理解と納得を確認してから次へ進む」というセールス展開の方法である。5つのケースについて、考えてみる。

○新規セールス話法の実例研修と段階的セールス手法の実践①

アプローチによる企業課題捕捉	段階的セールス手法のコツ
話の内容から、企業の悩みや課題、動向などを的確に捉えて、資金ニーズを想定する。	企業課題のポイントをつかんで、融資ニーズを引き出すためのトークを展開して、次回訪問につなげるセールスを行う。

⇨ **1 売上げの低下、伸び悩み**

成約につなげる段階的セールス展開実践メモ

なぜ、売上げが低下、伸び悩んでいるのか。

売上げの低下、伸び悩みを今後カバーできる要素はあるか。

売上げの低下、伸び悩みをカバーするための資金ニーズは何か。

資金ニーズに対応するための条件は何か。

資金ニーズに対する、融資形態はどんな内容で提案するか。

取引成立までのスケジュール（予定）

○新規セールス話法の実例研修と段階的セールス手法の実践②

アプローチによる企業課題捕捉	段階的セールス手法のコツ
話の内容から、企業の悩みや課題、動向などを的確に捉えて、資金ニーズを想定する。	企業課題のポイントをつかんで、融資ニーズを引き出すためのトークを展開して、次回訪問につなげるセールスを行う。

⇒ **2 売上げの増加**

成約につなげる段階的セールス展開実践メモ

なぜ、売上げが増加しているのか。

売上げの増加は今後も続くのか。

売上げの増加に対応するための資金ニーズは何か。

資金ニーズに対応するための条件は何か。

資金ニーズに対する、融資形態はどんな内容で提案するか。

取引成立までのスケジュール（予定）

○新規セールス話法の実例研修と段階的セールス手法の実践③

アプローチによる企業課題捕捉	段階的セールス手法のコツ
話の内容から、企業の悩みや課題、動向などを的確に捉えて、資金ニーズを想定する。	企業課題のポイントをつかんで、融資ニーズを引き出すためのトークを展開して、次回訪問につなげるセールスを行う。

⇒ **3 利益の減少、伸び悩み**

成約につなげる段階的セールス展開実践メモ

なぜ、利益が減少しているのか、または伸び悩んでいるのか。

利益の減少や伸び悩みを今後カバーできる要素はあるか。

利益の減少や伸び悩みをカバーするための資金ニーズは何か。

資金ニーズに対応するための条件は何か。

資金ニーズに対する、融資形態はどんな内容で提案するか。

取引成立までのスケジュール（予定）

○新規セールス話法の実例研修と段階的セールス手法の実践④

アプローチによる企業課題捕捉	段階的セールス手法のコツ
話の内容から、企業の悩みや課題、動向などを的確に捉えて、資金ニーズを想定する。	企業課題のポイントをつかんで、融資ニーズを引き出すためのトークを展開して、次回訪問につなげるセールスを行う。

⇒ **4 資金繰りの改善、資金調達の不安**

成約につなげる段階的セールス展開実践メモ
なぜ、資金繰りの改善や資金調達の不安があるか。
資金繰りの改善や資金調達の不安を今後カバーできる要素はあるか。
資金繰りの改善や資金調達の不安をカバーするための資金ニーズは何か。
資金ニーズに対応するための条件は何か。
資金ニーズに対する、融資形態はどんな内容で提案するか。
取引成立までのスケジュール(予定)

○新規セールス話法の実例研修と段階的セールス手法の実践⑤

アプローチによる企業課題捕捉	段階的セールス手法のコツ
話の内容から、企業の悩みや課題、動向などを的確に捉えて、資金ニーズを想定する。	企業課題のポイントをつかんで、融資ニーズを引き出すためのトークを展開して、次回訪問につなげるセールスを行う。

⇨ **5 不動産の取得**

成約につなげる段階的セールス展開実践メモ

なぜ、利益が継続して良好に計上されているのに、賃借料が多いのか。

不動産取得によって、企業体力を増強させることができるか。

不動産取得の資金全体計画を想定するとどうなるか。

資金ニーズに対応するための条件は何か。

資金ニーズに対する、融資形態はどんな内容で提案するか。

取引成立までのスケジュール（予定）

10 決算書入手のための上手な話の進め方①

●決算書入手には細心の注意と工夫が必要

　事業所を新規開拓するための訪問活動において、何より難しいのは決算書を入手することである。決算書は、金融機関側から見れば取引の相手先としての適合性を判断する材料であり、企業側にとっては自分の会社への評価と対応を、取引のない金融機関がどのように判断するかを見極める重要な資料となる。

　この決算書の入手を速やかに行うためには、細心の注意と同時に、話法にもいろいろな工夫が必要となる。

●決算書入手への訪問の基本スタンス

　決算書を入手していない企業への訪問アプローチとしては、まず、定性面での情報収集と企業課題を把握するため、決算書を求めることになる。

　まず「会社要覧」などで決算書による業績の概略を確認したり、興信所調査から業績が認められているかなどをチェックする。その上で企業への訪問アプローチでは、定性面で決算書の裏付けをとりながら、決算書の詳細を求める。

　企業の実態把握には、決算書の入手による「財務面」（定量面）の把握と、企業の実情を見る「定性面」からの把握が必要である。決算書は過去の財務データでありもちろん重要なのだが、定性面の裏付けと検討がなければ将来的な企業の価値や金融機関としての取引の適合性は判断できない。

　実践においては、単に決算書だけで企業実態を見がちだが、これは危険である。担当者の訪問に際しては、経営者との話の中で、「ヒト・モノ・カネ」を中心に経営の中身をしっかり把握することである。決算書は企業の実態把握のための元資料として位置付けることで、企業を広い視野から見ることができる。

まとめ　決算書入手のための上手な話の進め方①

☆決算書入手のためのトークフロー

| 定性面の話題から定量面へ話をつなげて決算書を話題にする |

↓

| 定性面から企業の抱える課題を把握して決算書を依頼する |

↓

| 継続訪問により、決算書を入手するための交渉を続ける |

↓

| 決算書を入手したら面談で財務面（定量面）の事実確認をする |

↓

| 財務面（定量面）の業績把握と定性面から取引の適合性を見る |

↓　　　　　　　　　　　　　↓
適合　　　　　　　　　　　　不適合

| 資金ニーズ覚醒のための提案、課題解決への提案などを具体的にまとめセールスする。 | 決算書を分析して、「財務改善提案書」などに課題をまとめ、丁重に決算書を返却する。 |

　初回訪問から決算書を求めることだけに集中することはたいへん危険である。1～2回の訪問で決算書が入手できた場合は内容に問題があることが少なくなく、コンプライアンス上からも注意しておく必要がある。
※参考
・定量面とは、企業活動の結果としての財務データのこと。主に収益性、安全性、成長性に関する決算書分析結果の数値を指す。
・定性面とは、企業活動の実態における企業の方向性等を表す事象。企業の経営力を適切に評価するための実態。

11 決算書入手のための上手な話の進め方②

●定性面の話題から定量面へ話をつなげて決算書を話題にする

営業担当者「先日、社長様から業界の事情について教えていただき、大変参考になりました。お返しといっては恐縮ですが、次回は私どもの資料に基づきまして、同業種、同規模企業の平均水準の値を、御社との対比で報告させていただければ、きっとご参考になるものと思います。ぜひ、決算書を拝見させていただきまして、同業態での比較、分析をさせていただければ幸いです」

営業担当者「先日の社長様の経営ビジョンのお話の中で、企業体力の増強についてのお話がとても印象的でした。本社地が借地であることは企業の弱みに通じかねません。この際、先般お聞きした現在の賃借料の範囲内で、自社所有地の取得をお考えになられたらいかがでしょう。適当な候補物件を併せてご紹介いたしますので、ぜひ、決算書を拝見させていただきまして、私どもに自社地購入への資金計画を試案させてください」

ここがポイント!

　1〜3回の訪問において、定性面を中心に企業の実態をできるかぎり把握して事実を認識しながら話しを進める。初回訪問から決算書を求める方法は、財務良好先にはまず成功しないばかりか、その後の訪問も遮断されやすいので注意が必要となる。
　決算書をもらうには、相手との親密度が熟して、先方が決算書の提示によるメリットを受け入れる可能性を感じ取った後が効果的で失敗は少ない。

●定性面から企業の抱える課題を把握して決算書を依頼する
営業担当者「先日お話の中では『売上面の低下がしばらく続きそう』とのことでしたが、同業種の中にはすでに先を見越して、経費の見直しなどで体質の改善に取りかかっている企業があります。決算書を拝見願えれば、早速、経費面の節約についてのご提案をさせていただきたいと思います」

営業担当者「資金繰りの中長期の見通しについて、不安を抱いておられるとの話をお伺いしました。キャッシュフローから御社の長短期借入金を適正なバランス、返済額へと再構成する必要があるように感じました。ぜひ、決算書を拝見させていただき、資金繰りの改善提案をさせてください」

ここがポイント！

　理由もなく決算書を借り受けることには無理がある。企業にとって決算書を見せるということは、自社の強み・弱みを知らせることになるため、金融機関から対価として何らかのメリットが与えられると考えなければ決算書の提出には応じない。
　定性面である程度の実態を認識した後、提案というかたちで金融機関、相手企業の相互にメリットを探求できる会話を心掛けたい。

12 決算書入手のための上手な話の進め方③

　引き続き、継続訪問により決算書を入手するための交渉トークを考えてみたい。

●社長からの拒絶に対応する話法の展開

社　長「他の銀行に見せられるだけの決算はしていないよ」

〔実例法〕

営業担当者「最初はどの企業からもそう言われますが、実際に分析させていただきますと感謝されることが多いのです。改善点が見受けられれば、何らかのご提示ができると思います」

〔逆手法〕

営業担当者「だからこそ拝見させていただきたいと思います。決算書の中の課題から改善へのご提案ができましたら、社長様にとって今後の経営のご参考になると存じます」

〔イエス・バット法〕

営業担当者「おっしゃるとおり、○○銀行さんとお付き合いは大切にしてください。しかし、私どもなら○○銀行さんとはまた一味違う情報のご提供ができると思います。お取引のお仲間に入れさせていただくためにも、ぜひ決算書の分析、提案をさせてください」

●取引銀行以外には決算書は見せないと謝絶

社　長「取引銀行以外に決算書を見せたことはないよ」

〔先回り法〕
営業担当者「大切なものですから、簡単に拝見できないことは承知いたしております。もちろん、お借り受けできたとしても他に公開したり、流用したりするようなことは一切ありません。○○銀行さんとはまた違う視点でのご提案を心掛けます」

　さて、決算書を入手できたらその後の面談で財務面（定量面）の事実認識を行うことが重要になる。
営業担当者「決算書をお借りできました。ありがとうございます。お話のとおり、売上面の低下がそのまま収益に影響しているように見えますが、この程度なら、経費面の節減で当面は乗り切れるはずです。ぜひとも私どものお手伝いできる範囲で、ご融資のご提案をさせてください」

ここがポイント！

　決算書を借り受けることができたら、その場で必ず一通り目を通すのがエチケットである。売上高と利益の推移、定性面での課題が話に出ていた場合は、その勘定科目を見る。簡単な感想を添えて、礼を述べるのが良いだろう。
　また、勘定科目を見て特別目立つような数値の変化などがある場合は、変化の良し悪しを問わず、その理由を聞き取っておく必要がある。相手から見れば当然、質問を受けるであろう科目数値であり、こちらのスタンスを確認するバロメータにもなるからである。

13 いきなり決算書を渡してきたらどうするか

●いきなり決算書を渡してくるような会話はしない

　新規に事業所を訪問していく中で、実権者との面談が1～2回にもかかわらず決算書を渡されるケースがあるが、この場合、渡す相手の狙いや目的をよく見極めて対処する必要がある。

　こうしたケースとなるのは、担当者が訪問時の話の中で、「資金ニーズはありますか？」「お金を借りてください」と言うなど、定性面の企業状況をまだ把握していない訪問初期の段階において、定量面の判断となる決算書を求めて、いかにも融資対応ができるような印象を相手に与えてしまうといった場合である。これは後々融資取引が困難と見られたときにいろいろなトラブルに発展する可能性があり、とりわけ「融資予約」というコンプライアンス上の問題にもなりかねない。

　したがって、「いきなり決算書を渡してくるような会話はしない」ことが肝要であり、事前の企業調査が十分でないときは、特に注意が必要である。
　それでも渡された場合は、その場で必ず収益状況と収益構造に目を通して、初期段階で手渡してきた目的を確かめる。手渡された以上、受け取ることを拒否はできないので、決算書を受理したときは「検討する」「分析する」といった言葉を用いて、融資を確約したような誤解を招くことを避けるようにする。

まとめ　いきなり決算書を渡してきたらどうするか

☆いきなり決算書を渡してくる主なケースと対応法

決算書を自慢したいケース

　内容面で問題がないかわりに、資金需要も少ないケースである。メインバンクの対応で十分に満足している場合が多いと考えられる。
営業担当者「すばらしい決算内容ですね。一度、同業種、同規模企業との比較分析をさせていただきたいので、預からせてください」

資金調達できる金融機関を求めているケース

　内容が芳しくなく、キャッシュフロー上から当面の資金調達を必要としていることが少なくないので、細心の注意を要する。
営業担当者「決算内容の分析をさせていただいて、どの程度の対応が可能か検討してみます。ただ、ご期待に添えないかもしれませんが…」

決算書についてメインバンク以外の意見を聞きたいケース

　内容面でのマイナスは若干自覚しているが、メインバンクの対応にも不満を持っているような場合である。
営業担当者「メインバンクの分析内容はご存知ですか？　社長様とのご意見の相違などメインバンクにご不満な点がありましたら教えてください」

他行からどのくらいの融資が受けられるか、確かめたいケース

　当面の資金ニーズは見当たらないが、自分の会社に対してメインバンク以外の金融機関がどの程度の融資判断をしてくるか確かめたいと思っているような場合である。
営業担当者「私どもは金利だけの競争はしたくありません。将来的な視野を踏まえて経営計画の中で具体的なお話をさせてください」

コラム5　モチベーションを高めよう②

●業績とは単純な目標達成ではない

　私は営業の現場を長く経験し、営業担当者としてあるいは統括指揮者として、業績を上げることに邁進し、成果も常にトップクラスを維持してきました。なぜそれができたのか、それは業績についての考え方と部下への指示が正しかったからだと考えています。

　業績を単純に目標と結果数値の比較ではなく、渉外活動における顧客満足度の結果として考え、業績低迷は顧客満足度の未達と捉えて顧客ニーズを絶えず追求した結果です。

　目標数値は期初に自己都合で勝手に策定しますので、この時点では顧客の意思は入りません。しかし、目標を達成するプロセスにおいては、顧客志向の渉外活動をしない限り、業績を継続的に伸展させることはまずできないのです。顧客に満足を与え、経営安定上の問題解決に寄与することが結果として業績として残るのです。業績とは創るものではなく、顧客によって創られるものであり、この原動力が行員個人の能力であって、この力が及ばない一時の「風」による数字は業績とは呼びません。

●個人能力は業績と相乗して育成される

　業績とは顧客満足度を測るバロメータであり、行員個々の個人能力の向上が業績を継続的に伸展させるための必須条件であることを重ねて強調してきました。

　では、その個人能力はどのようにして向上させるのが最も早く、効果的なのでしょうか。それには業績を向上させるための最低レベルの意識と行動、また管理レベルを厳格に認識させ、この実行を日々確認検証し、また指導していくシステムを構築することが前提となります。

　このシステムの継続的な運用の結果として業績は伸展し、個人能力もその過程で業績と相乗して必然的に育成されます。個人能力の向上は、机上理論の意識研修などでは多くを望めるものではなく、きめ細かく実践的な行動基

準を設定し、徹底した日々の履行状況の確認と検証を繰り返すことで、本当の意味で身につくものと思います。おそらくこれは実際に経験しなければ実感は薄く、実践の乏しいあるいは力のない管理者には理解されにくいかもしれません。

●チームワークによる人材育成には限界がある

　営業推進においてチームワークという言葉をよく聞きますが、これは行員相互の連絡、連携、あるいは能力や経験の乏しい人のフォローといった意味合いもあって、状況においては渉外現場でも必要となるものです。しかし、チームワークだけで勝負に勝ち続けることや継続的に業績を上げていくことはまずできません。

　チームワークで勝利や業績を上げ続けるには、技能や戦術を鍛錬し、また個々の判断において一定のレベルにある者が、それぞれの役割を認識したうえでその力を発揮することが不可欠であり、個人の能力が乏しいままではチームワークの機能発揮にも限界があります。

　アマチュアは「和をもって勝ちを目指そうとする」のですが、プロフェッショナルは「勝ちをもって和を成す」と言われます。まさにそのとおりで、これが金融のプロとしての営業活動においては「顧客の要望を満たす中で業績の向上を達成し、その結果として行員個々の能力が醸成され、またチームワークも活きる」と言えます。

PART 5

事業所開拓を定着化させる

1 開拓活動を定着化させるには

●日々の活動における行動パターンを定める

　事業所の開拓活動はすぐに結果が出ず、しかもコツコツ地道な活動を必要とするため、なかなか定着化しないのが現状である。

　しかし、日々の活動における行動パターンを定めて、現在の活動状況を見直して、しっかりした行動管理、情報管理のシステムを担当者自身が作り上げていくことで、開拓活動は定着していく。

　事業所開拓活動の定着化を推進していくための要因としては次のものが考えられる。
①毎日の活動に必ず開拓活動を組み入れる
②行動管理を自己検証する
③情報管理を自己検証する
④見込先基準をもって、成果につなげる

まとめ①　開拓活動を定着化させるには

地区を面で捉えた

新規開拓活動

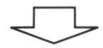

現状からの改善
新規開拓を業務の中心に訪問量を増加する

⬇

新規融資情報を中心とした

情報管理ノートの活用

活動量を増加して、内容レベルを上げる
※情報管理ノート
　情報を継続管理していくためのツールとして独自のものでもOK

⬇

具体的数値を伴った

情報の検証・確認と指示

具体性のある明確な行動の方向性を打ち出す

⬇

見込先基準に基づく

情報から見込先への展開

見込先表での管理を定着化させる

⬇

時系列による

見込先の進捗管理で実績につなげる

訪問頻度のアップによる見込先対応のスピード化を図る

まとめ②　行動管理のポイントとフォロー

地区を面で捉えた

新規開拓活動

・1日の行動スケジュールに新規開拓時間を必ず組み入れる。
・最低週1日は定例として新規開拓訪問日を定めて、集中した訪問時間を確保する。

⇩

新規融資情報を中心とした

情報管理ノートの活用

・情報量をもっと増やすために、融資訪問比率25％以上は必ず厳守した行動を徹底する。（1日の訪問先の25％以上は融資推進とする）
・情報量と内容レベルを向上させるために、訪問回数を増やしていく。

⇩

具体的数値を伴った

情報の検証・確認と指示

・検証と確認、これに基づく具体的な方針をより明確に打ち出して、担当者が行動しやすい状況とする。
・訪問ごとの内容が成約に近づいているかどうかを確認して、担当者と協力した行動を起こす。

⇩

見込先基準に基づく

**情報から
見込先への展開**

・単なる情報から見込先へと昇格させるための行動が弱いことが多い。相手が何を求めているかを見極め、時系列で見込先を成約に結びつけていく管理を行う。

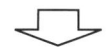

⬇

時系列による

**見込先の進捗管理で
実績につなげる**

・訪問ごとに成約に近づけていくために、提案と成約への阻害要因のクリアを繰り返していくスタンスをとる。
・訪問量が少ないことは致命的になるので、見込みがあると判断したら集中した訪問を行う。

⬇

課題解決型提案営業による

成約

・情報から訪問事業所の悩みや経営課題を捉えて融資につなげていくスタンスを一貫してとる。
・総体的な広い視野で財務を見て、将来的資金の調達を促すようにする。

まとめ③　情報管理のポイントとフォロー

地区を面で捉えた

[新規開拓活動]

・新規融資情報については、情報に数値を入れ、具体性を高める情報収集の方法にレベルアップする。
・情報を1回限りで終わらせない。情報を膨らませ、成果につながるまで追求していく。

⇩

新規融資情報を中心とした

[情報管理ノートの活用]

・収集した情報から「提案営業」のできる要素を見出して、具体的に提示できるまで情報を把握していく。
・情報管理ノートは、融資見込みのスタートである。活用の理解度を深めて定着化させていく。

⇩

具体的数値を伴った

[情報の検証・確認と指示]

・担当者の情報を発展させ、より成約に結びつくための指示を具体的に与えて、この結果を訪問ごとに検証する。
・中間管理者が情報管理ノートを見ていないケースが多いため、是正して情報の共有化を図る。

⇩

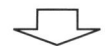

見込先基準に基づく

**情報から
見込先への展開**

- 何をもって「見込先」とするかの基準を把握して、これに照らして見込先とする。
  ※見込先基準
    自行の提案や商品勧誘において、相手が日を限って返答してくれる約束ができる状況になった時点で見込先と判断する。

⇩

時系列による

**見込先の進捗管理で
実績につなげる**

- 融資はスピードである。顧客が求めている要望を的確にキャッチして、これをクリアできるだけの情報アンテナを高くする。
- 情報のポイントを把握して、そのポイントに絞ってツメの情報を捉える。

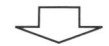

⇩

課題解決型提案営業による

成約

- 成約への見極めは「対象先」と「見込先」をきっちり分けて考えることが大切である。
- 見込先に対してその進捗状況を時系列で追いながら管理していくパターンを身につける。

2 対象先と見込先の違い

●対象先と見込先の違いを正しく捉え推進方法を改善する

　融資推進において目標達成への数値管理を行う場合、一番大切なのが見込先保有件数とその成約への見込度である。また、見込度についても、「本当に成約できるのか」「いつ成約できるのか」「成約できる場合の条件は何か」などについて、月日を追って時系列で交渉状況を見極めていく必要がある。

　しかし、金融機関の担当者においては、見込先以前である「対象先」（抽出先）と「見込先」を混同したり、見込先の統一した定義がないため、数値管理が目標と乖離し、正確な目標達成予測ができずに、自己管理を誤っているケースが少なくない。対象先と見込先の違いを正しく捉え、推進方法を改善していくことで、効果的な活動が展開できることとなる。

①対象先とは

　対象先と抽出先とは同じ意味で、自行の取引したい先、融資貸出の対象として適していると思われる先を指し、今後の折衝によって成約への糸口をつかめる可能性のある先をいう。

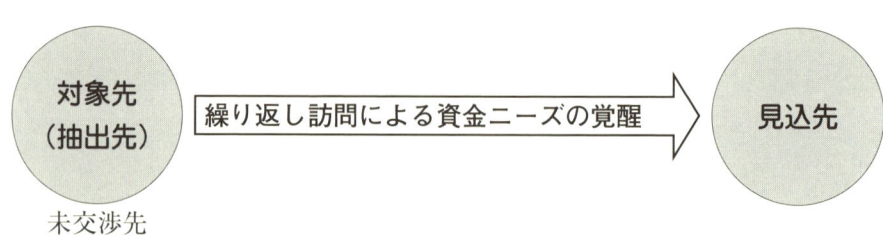

```
対象先　　繰り返し訪問による資金ニーズの覚醒　　見込先
（抽出先）　　　　　　　　　　　　　　　　　　　　　→
未交渉先
```

㋑対象先への訪問によって見込先と成り得るかどうかを判定する。
㋺対象先は当初から見込先表には記載しない。何回か訪問した結果で見込先と判定した後、「見込先進捗管理表」に記入して時系列で管理していく。

②見込み先とは

　見込先とは、対象先を何度か訪問して、自行との取引の可能性を見出した先、あるいは融資する条件に合致すると認められる先を指し、成約への交渉先として継続推進していく先をいう。

見込先 → 繰り返し訪問による融資条件等の調整、決定 → **成約先**

交渉後に成約の可能性のある先

見込先に対する行動量で成約先数が変わり、業績が決まる

融資実行先

↓

成約見込日に応じて３つのランクに分ける

　A見込先…当月中に成約し、実行できる見込みの先
　B見込先…来月中に成約し、実行できる見込みの先
　C見込先…再来月中に成約し、実行できる見込みの先

↓

各「事業者融資見込先進捗管理表」で管理する（182頁参照）

❸見込先への行動管理のポイント

●成約に向かうステップの中で目的を持って訪問する

　見込先とは、あくまで自行との取引の可能性がある先を指す。取引の可能性がある先とは、融資条件などが合致すれば成約につながる先であり、この見極めは「継続して目的を持って訪問できている先」かどうかで判定できる。

　表面的な愛想や対応がよくても、一向に成約まで至らないケースも見受けられるが、これは、段階を踏まえて時系列的に成約に向けて行動をしていないからだと考えられる。

　見込先への行動管理のポイントは、訪問の都度、成約に向かうステップの中で目的を持って訪問していくことであり、これを毎回相手が受け入れてくれることによって開拓の目的が達せられる。

まとめ　見込先への行動管理のポイント

見込先の発掘フロー

見込先は行動で発掘して、事実確認と交渉により判定する。机の上では判定できない。

新規先

支店地区内事業先の抽出
⬇
風評重視による事前の対象先として（定性面）の確認
⬇
訪問による資金ニーズの覚醒、提案
⬇
見込先判定

既取引先

既取引内容、財務内容（定量面）の確認
⬇
既取引先
⬇
融資の推進内容、案件の事前設定
⬇
訪問による定性面の事実確認、提案
⬇
見込先判定

見込先
⬅ 訪問活動の活発化
⬅ 風評・事前調査
⬅ 資金ニーズの確認
⬅ 資金ニーズの覚醒
⬅ 提案営業の実施

4 対象先の見込み度により優先順位を変える

● **状況次第で訪問頻度を変える**

　融資推進を効率的、効果的に行うためには、見込度を成約予定日で見極めて、これに応じて訪問頻度を変えるなどしていくことが重要となる。

　支店長は部下の行動を見るとき、段取りよく、タイムリーな訪問をしているかどうかをチェックし、管理していくことが成果を早める。

　支店長が実施する部下の行動管理とは、訪問内容を見るものであり、「何先訪問したか」ではなく、「どういう目的で、どのような内容の訪問であったか」を検証し、コミュニケーションで確認することである。

―事業先―

新規開拓事業先		既取引事業先
週1〜2回の集中訪問	**1** ・資金需要が3ヵ月以内にある。 ・他行に融資条件等を打診している。 ・資金計画が決定している。	週1〜2回の集中訪問
週1〜2回の集中訪問	**2** ・資金需要は3ヵ月以上先である。 ・他行への打診はまだしていない。 ・資金計画の詳細は決定していない。	自行利用を確認したうえで、計画の進み具合で週1回程度
経営課題を解決するための提案営業に基づいて、週1回程度の継続訪問	**3** ・今のところ資金需要はない。 ・業務拡大意欲はある。 ・提案について、検討してくれる見込みがある。	通常訪問

● 見込先への複合推進と複合管理

　見込先に対しては、担当者自身の訪問活動と並行して、支店長と一体となった複合推進が効果がある。

　また、推進の進捗管理においても支店長と担当者が協力して相互で管理していくことが成果を高める。ただし、複合推進とは同行訪問のことではなく、同一見込先に対して担当者と支店長が交互に訪問し、牽制による指導を兼ねた実践能力の向上へのOJTの意味もある。

　すべての事業所の見込先に対して行うのではなく、大口案件、特殊案件など、担当者の現状能力等も加味して必要と思われる先を支店長の判断によって定めて行うことである。

複合推進のポイント

①担当者の見込先に対して必要に応じて、支店長以下、協力して成約に向かう。
②担当者の見込先に対する進捗度合いを正確に把握し、融資案件内容についても事前に把握する。
③同行訪問だけでなく、支店長の単独訪問が効果を高め、案件に対する対応レベルと判断を高める。
④複合推進先への訪問内容、結果については都度話し合い、連携をとる。
⑤複合推進の成績はすべて担当者とすることが良い。支店長は自分の立場を考えて、支店業績としての視野で捉える。

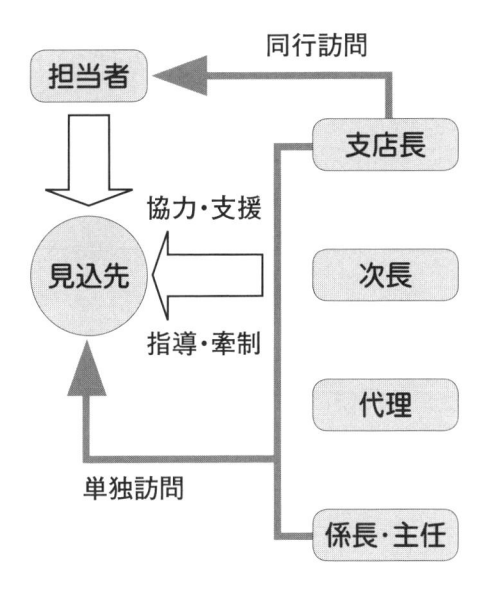

◎新規開拓先については、進捗のタイミングを見て、支店長訪問を実施することで成約度が高まる。

5 プロセス管理がカギ

●行動改革の継続的な実行はプロセス管理の徹底がカギ

　行動改革の継続的な実行については、そのプロセス管理を統一方式により徹底すれば効果が大きく、この定着化がカギとなる。

　プロセス管理の統一とは、確認検証の時系列管理を一元化することである。子供の勉強にたとえれば、毎日何の科目をどのくらい勉強し、できばえはどうか、勉強方法にムダがなかったか等々を日々確認して、適切な指導を日常化することである。何時間勉強したか、テストが何点だったかだけを点検する既存の管理形態と方法は、管理とは呼べない。

　推進管理の実情を見ると、まだまだ意識が先行しており実際に業績を向上、伸展させていくための情報管理、行動管理、数値管理など、職務責任に応じたプロセス管理が理解されていないことが少なくない。

　管理とは、記録や結果を見るものではなく、目的への道筋を照らすものであり、これに介在するのが日報であることは言うまでもない。

まとめ　プロセス管理がカギ

☆業績が不振に陥ったら、原点に帰って推進活動を見直す

業績不振対策

業績が不振に陥っている場合は、当初の推進活動を見直し、不振要因をカバーする策を講じるとともに、行動量（訪問量）を増加させる。

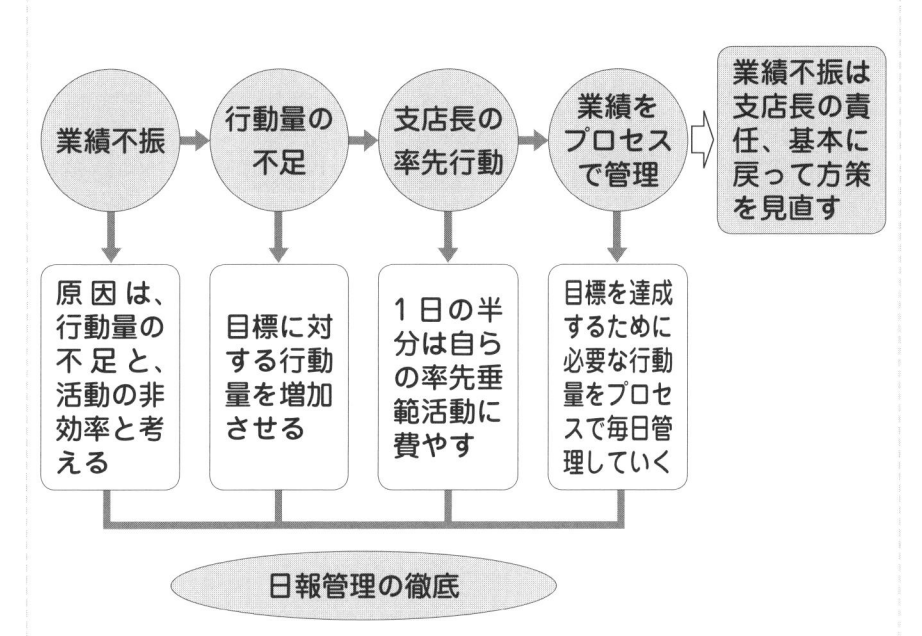

業績不振 → 行動量の不足 → 支店長の率先行動 → 業績をプロセスで管理 ⇒ 業績不振は支店長の責任、基本に戻って方策を見直す

- 原因は、行動量の不足と、活動の非効率と考える
- 目標に対する行動量を増加させる
- １日の半分は自らの率先垂範活動に費やす
- 目標を達成するために必要な行動量をプロセスで毎日管理していく

日報管理の徹底

行動量を増やせば業績は必ず上がる

6 管理者の管理ポイント

● 見込先は行動で発掘する

　金融機関に見られがちな机上で想定する見込先は、見込先ではない。地区内の対象となる企業をすべて訪問し、顧客との面談の中で資金ニーズを探して、自行との取引に結び付けていくという基本活動によって見い出されるのが見込先である。

　見込先は、訪問した結果として浮上するもので、折衝のない見込先などあり得ない。

● 見込先は表で管理していく

　融資はスピードが大切であることから、見込先は必ず表で管理して、成約につながるまで時系列で管理していくことが大切である。

　金融機関職員のウイークポイントは、表管理の訓練がなされていないことである。既取引先中心のぬるま湯的な推進活動から脱して、地区の広く多くの顧客を対象としていくためには表管理の定着が重要となる。

● 見込先量から実績を構築していく

　実績管理手法が弱い担当者に共通して見られるのは、結果としての記録だけを見てしまい、途中のプロセスを追っていかないということである。これは見込先量を中心に実績を想定し、実績を上げるために必要な見込先量、また見込量を確保するために必要な行動量を実行させるという考え方が定着していないためである。

　とりわけ、管理者にこの傾向が見られる店舗では、基本に忠実で地道な活動を継続して実行できる担当者は育ちにくいと思われる。

まとめ　管理者の管理ポイント

```
            行動管理面
      日報で毎日の行動をチェックする
```

| 融資開拓訪問先数 | 融資開拓情報量 | 融資開拓情報内容 |

- 1日の訪問先数の中で、融資開拓訪問先数は何先あるか、その中で新規訪問先は継続訪問を含めてどのくらいか、訪問先からの情報量と、その内容をチェックして、ローン案件の見込度を見て、次回訪問への指示を与える。

```
            見込先管理面
  日報と各ローン見込先表で毎日管理する
```

| 見込案件の進み具合 | 案件の成約阻害要因の排除 | 成約への確度確認 |

- 対象先を何回か訪問して、取引の可能性が出てはじめて見込先となる。対象先と見込先を混同していては実績は上がりにくいので、対象先と見込先の違いをしっかり認識させたうえで、見込先表による進捗管理を行っていく習慣をつける。

```
            実績管理面
  目標達成のために必要な見込先の確度をチェックする
```

| 見込先保有量 | 見込先発掘行動量 | 見込先精度 |

- 目標達成のために必要な見込先量は、1週間単位で確度をチェックする。月間目標に対して月半ばで50％到達していなければ、残りの15日で、これをカバーするだけの行動量増加を指示し、見込先量を増加させていく指導は当然である。

7 部下を育てる同行訪問の方法

●同行している上司は後ろで見守る

同行訪問では、担当者を必ず前面に立てる。交渉のメインは担当者とし、同行している上司は後ろで見守る姿勢とするのが良い方策である。

担当者のプライドと能力向上に主眼を置くことが大切で、上司が一人で話すような状況が生じないように、訪問前に見込先に対する方針やセールストークをあらかじめ決めておくなど、打ち合わせを行ってから訪問することが肝要となる。

●部下との（上司との）同行訪問の効果的なセールス話法（例）

山下君は新任営業担当者で、融資経験はないが、新規開拓先としてＡ工業㈱への開拓訪問を繰り返してきた。今回、設備の話が出て、条件によっては自行の融資が可能になりそうな状況である。融資判断などにおいて、まだ自信がないため、上司の小林代理を伴って同行訪問をしてもらったケース。

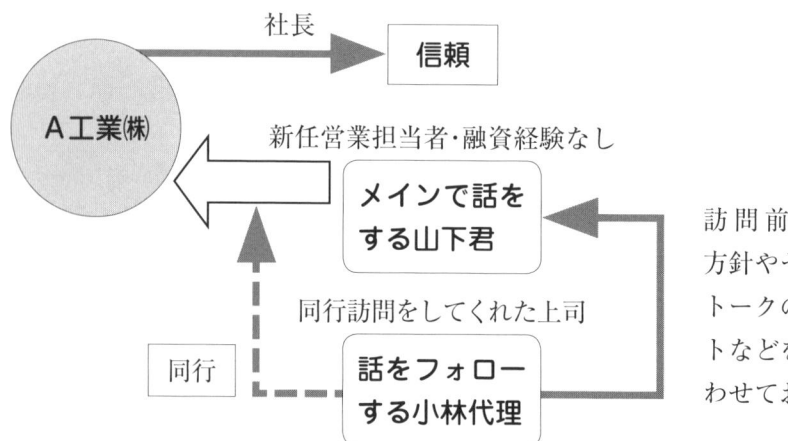

```
                  社長
  ┌─────┐  ────────→  ┌──────┐
  │     │                │ 信頼 │
  │ Ａ工業㈱│               └──────┘
  │     │  新任営業担当者・融資経験なし
  │     │ ←──  ┌──────────┐
  └─────┘      │ メインで話を  │ ←──┐  訪問前に対応
       ↑       │ する山下君    │      │  方針やセール
       │       └──────────┘      │  ストークのポイ
       │       同行訪問をしてくれた上司  │  ントなどを打ち合
   ┌───┐     ┌──────────┐      │  わせておく。
   │同行│ ←── │ 話をフォロー  │ ─────┘
   └───┘     │ する小林代理  │
              └──────────┘
```

172

山下君「こんにちは、先日は設備のお話を伺わせていただきまして、ありがとうございました。今日は、もう少し具体的なお話をお聞かせ願いまして、何とか私どもとのお取引の糸口としてご融資を検討させていただきたいと思います。そこで私だけではいろいろと判断に迷うこともあろうかと考えまして、上司である小林を同行いたしましたので、ぜひ、何なりとご希望や条件などをおっしゃってください」

↑

> 話のメイン（主役）はあくまで担当者である山下君である。小林代理は山下君の話を聞きながら、言葉の不足や誤り、また条件など判断を要するものに対してフォロー発言をするなど、わき役に徹していくことが重要である。

A工業社長はこの同行訪問形式により、山下君に信頼感を持つ

・これから融資の話は山下君にしよう。
・会社の財務面の相談もまず山下君に声をかけよう。
・山下君は若いけれども頼りになる。

8 見込先数を増加させる管理手法

●見込先とは探すものではなく作るもの

　事業所の新規融資開拓は日々の活動の中でスケジュール化していくことが基本となる。目標がある以上、業績の向上のためには何と言っても「見込先をいかに多く持つか」がポイントになるが、時として「見込先がない」という言葉を耳にする。これは端的に言えば「行動量が不足している」ことにつながるわけで、「見込先とは探すものではなく、作るもの」と考えるべきである。

　業績が思うように伸展しなかったり、想定外の相殺や弁済などにより数値の低下が予想される場合は、このマイナス面の情報をいち早くキャッチし、事前に行動量を増加させて見込先を確保しておかなければならない。マイナス分をカバーできる水準まで持っていく準備と行動が求められる。3ヵ月先を見て、また3ヵ月のスパンで業績の推移を考えて、今の活動内容の量を構築していく努力が必要となる。

　新規開拓の市場は無尽蔵と考えて良い。見込先がないなどという言葉は使わないことである。自らの行動不足を露見させているにすぎない。
　同時に管理者の管理不足も指摘されるところである。また新規開拓活動について186頁の表で採点してみるといいだろう。

まとめ　見込先数を増加させる管理手法①

取引を見込める企業が少ない

◇ 見込先数不足の内容と改善策 ◇

開拓訪問量が少ない

対象先を見込先へと発展させる企業訪問活動を定着させる。

既取引先しか訪問していない

新規開拓活動時間を日単位、週単位で確保させる。

対象先と見込先の区別ができていない

対象先と見込先の定義を認識させ、日報で指導する。

⬇

行動量の増加

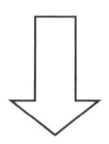

まとめ　見込先数を増加させる管理手法②

```
┌─────────────────────────────────┐
│      融資セールスをしていない      │
└─────────────────────────────────┘

         ◇ 見込先数不足の内容と改善策 ◇

┌─────────────────────────────────┐
│    融資セールスの方法に自信がない    │
└─────────────────────────────────┘
```

具体的なセールス話法のトレーニングを店内で試みる。

```
┌─────────────────────────────────┐
│  資金ニーズの発掘ポイントがつかめない │
└─────────────────────────────────┘
```

情報管理ノートを活用し、具体的な事例によってポイントを指示していく習慣をつける。

```
┌─────────────────────────────────┐
│      融資商品知識が乏しい          │
└─────────────────────────────────┘
```

期限と内容を定めて覚えさせ、確認していく。

⬇

```
┌─────────────────────────┐
│   セールス能力を向上させる   │
└─────────────────────────┘
```

まとめ　見込先数を増加させる管理手法③

融資活動時間を捻出できない

◇ 見込先数不足の内容と改善策 ◇

自分への甘えから開拓を避けている

パターンとなる1日の行動基準を決める。

既取引先での面談時間が長すぎる

1先当たり3分面談時間を短縮させる。

1日の行動スケジュールに開拓を組み入れていない

日報で基準行動パターンを毎日検証する。

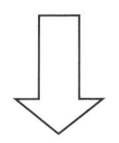

⇓

活動時間を工夫、改善する

まとめ　見込先数を増加させる管理手法④

```
        ┌──────────────────────┐
        │  目標達成意識が高くない  │
        └──────────────────────┘
                   │
            ◇見込先数不足の内容と改善策◇
```

【目標達成へのモチベーションが低くても許されている】

融資を伸ばす必要性について部下に認識させる。

【目標と行動量の相関関係を理解していない】

行動量が必ず実績と比例することを数値で示す。

【融資開拓活動手法がパターンとして定着していない】

情報収集から見込先発掘、成約までの一連の行動パターンを店内で目に見えるかたちで構築する。

⬇

目標達成に責任を持たせる

まとめ　見込先数を増加させる管理手法⑤

目標達成行動への上席者の検証や指示、指導がない

◇ 見込先数不足の内容と改善策 ◇

日報による行動管理が徹底されていない

日報管理は毎日必ず行う。

中間管理者に融資推進の指導ノウハウがない

中間管理者と営業担当者との同行訪問を活発に行わせる。

実績アップのための行動面の支援、協力がない

日報の中身を内容をよく見て案件ごと、見込先ごとの支援を実行する。

⬇

検証、確認システムを定着させる

9 「事業者融資見込先進捗管理表」を作成する

●作成のポイント

　「事業者融資見込先進捗管理表」(182頁)という名称であるが、通常の見込先表との違いは、「成約までのステップを時系列で見る」ことができるかたちとしているため、自己管理と上司からの検証、確認にあたっては見込先案件の進み具合で成約スピードと成約予定日をチェックできるようにしているところである。

●活用のポイント

　毎週1回程度、この「見込先進捗管理表」で見込先案件の進み具合について自己点検を行うとともに、日々の行動に対する上司からの指示をより具体的に受けるためのツールとして活用する。上司から見ても、部下が一つ一つの見込先に対して、どのような進展をしているかを活動状況と合わせて的確に捉えることができる。

　見込先進捗管理表は記録用紙ではなく、案件の進み具合いを見るための業務報告書という観点で作成し、活用していく。

10 「融資必要獲得額達成活動計画表」を作成する

●作成のポイント

「融資必要獲得額達成活動計画表」(184頁)は、事業者融資見込先進捗管理表の見込先案件を一つの表にまとめるものである。毎月月初に数値を出したうえで月ごとの目標値との比較の中で「目標と見込先量」を捉えて、「当月は、あとどのくらい不足しているか」などを見て、これを行動量に反映させていくことになる。

●活用のポイント

毎月月初めに営業担当者が各自、この表により目標に対する見込先量を比較検討していく。またこの表に集積した数値を用いて、管理者は店全体の必要獲得量と行動量を捉えて指導、管理を行う。常に数値と行動量の相関関係を意識した活動の定着化を図ることができる。

《融資必要獲得額達成のポイント》
・見込先保有量はどうか。
・見込先保有量増加につながる営業活動を実施しているか（情報収集を含む）。
・見込先の鮮度は高いか。
・行動量はどうか。
・必要行動量につながる効率的な営業活動を実施しているか。
・成約度を高める勧誘活動（ツール・話法の工夫・セールス能力アップ等を含む）となっているか。
・見込先に対して最低週1回訪問を実施しているか。

事業者融資見込先進捗管理表

（新規開拓用）

	発生日	顧客氏名	業種	資金使途	金額(千円)	マル保制度名等	備考(実行までのクリア条件等)
1							
2							
3							
4							
5							
6							
7							
8							
9							
10							
11							
12							
13							
14							
15							

（既取引事業者用）

	発生日	顧客氏名	業種	資金使途	金額(千円)	マル保制度名等	備考(実行までのクリア条件等)
1							
2							
3							
4							
5							
6							
7							
8							
9							
10							

PART5 事業所開拓を定着化させる

担当者 _____

[金額単位:千円]

	書類交付日	書類受付日	協会提出日	協会承認日	稟議申請日	稟議承認日	実行予定日	実行日	金額欄

	書類交付日	書類受付日	協会提出日	協会承認日	稟議申請日	稟議承認日	実行予定日	実行日	金額欄

融資必要獲得額達成活動計画表（担当者用）

| 月 | この表は、12ヵ月分作成し、実行月に合わせて追加見込先を鉛筆にて記入していく。 |

必要獲得額　　計
M

→ プロパー事業性融資獲得予定額(A見込先)
　　　　　　　　　　　　　　　M

→ 信保付融資獲得予定額（A見込先）
　　　　　　　　　　　　　　　M

→ 他行肩代わり獲得予定額（A見込先）
　　　　　　　　　　　　　　　M

→ 住宅ローン獲得予定額（A見込先）
　　　　　　　　　　　　　　　M

→ アパートローン獲得予定額（A見込先）
　　　　　　　　　　　　　　　M

→ 消費者ローン獲得予定額（A見込先）
　　　　　　　　　　　　　　　M

→ その他ローン獲得予定額（A見込先）
　　　　　　　　　　　　　　　M

単位：百万円

店全体の必要獲得額の算出	
A　純増目標	
B　月の約定弁済額	
C　その月の例外回収額	
A+B+C　必要獲得額	

※割引については持込（実行）と落込みを同額にて想定した場合。

担当者名：

本表は月初までに必ず作成し各人の日報に綴ること！

［具体的な見込先氏名・金額］顧客氏名は商品ごとに重複しないよう記載する。

①	M	⑥	M
②	M	⑦	M
③	M	⑧	M
④	M	⑨	M
⑤	M	⑩	M

［具体的な見込先氏名・金額］

①	M	⑥	M
②	M	⑦	M
③	M	⑧	M
④	M	⑨	M
⑤	M	⑩	M

［具体的な見込先氏名・金額］

①	M	⑥	M
②	M	⑦	M
③	M	⑧	M
④	M	⑨	M
⑤	M	⑩	M

［具体的な見込先氏名・金額］

①	M	⑥	M
②	M	⑦	M
③	M	⑧	M
④	M	⑨	M
⑤	M	⑩	M

［具体的な見込先氏名・金額］

①	M	⑥	M
②	M	⑦	M
③	M	⑧	M
④	M	⑨	M
⑤	M	⑩	M

［具体的な見込先氏名・金額］

①	M	⑥	M
②	M	⑦	M
③	M	⑧	M
④	M	⑨	M
⑤	M	⑩	M

［具体的な見込先氏名・金額］

①	M	⑥	M
②	M	⑦	M
③	M	⑧	M
④	M	⑨	M
⑤	M	⑩	M

開拓活動により順次予定額を達成するだけのA見込先を増加していく。

※A見込先とは、当月実行分を指す。Mは百万円。

新規開拓活動を毎月自分で採点してみよう

活動上の問題点、要改善点					
チェックポイント						
			自己採点		
			A	B	C
活動方針・計画策定面	目標達成度から見た営業活動方針を持って行動したか、徹底したか。		A	B	C
	行動計画は実行可能、かつ具体的であったか。		A	B	C
	3ヵ月先の見込先も考えて行動したか。		A	B	C
	見込先量はすべて表管理としているか。		A	B	C
	当月の目標達成に必要な見込量を承知していたか。		A	B	C
	見込内容（金額・見込度）のチェックはしたか、見込度は妥当だったか。		A	B	C
	新規開拓は計画どおり実行したか。		A	B	C
	同行訪問、複合管理・複合開拓は計画したか。		A	B	C
	訪問予定表どおりに行動できているか。		A	B	C
推進活動面	納得性のある計画をもって行動したか。		A	B	C
	計画に対して、行動量不足でなかったか。		A	B	C
	見込先中心の活動を推進したか。		A	B	C
	集金・サービス先の見直し等で開拓時間を確保したか。		A	B	C
	新規開拓訪問を仕事の中心として推進したか。		A	B	C
	情報収集を心掛け、見込先を増大したか。		A	B	C
	商品知識・勧誘話法が適切であったか。		A	B	C

| | | 月 |

活動上の問題点、要改善点				
チェックポイント				
		自己採点		
自己管理・指導面	日々の訪問活動・結果に対する内容チェックをしたか。	A	B	C
	月間の中間実績チェックに基づき、週単位で計画修正・活動修正をしたか。	A	B	C
	情報・見込先の増加・発展をさせたか。	A	B	C
	係内・係間の協調（報・連・相、情報の共有化）はとれていたか。	A	B	C
	同行訪問、複合管理・複合開拓を活発に実施したか。	A	B	C
	計画・方針を徹底したか、決めたことが実行できたか。	A	B	C
	目標に対する行動実行は十分だったか。	A	B	C
	計画の推進状況に応じ、手法の見直しを実施したか。	A	B	C
	自己啓発面の対応は十分だったか。	A	B	C
	情報収集の重要性を徹底し、具体的数値を収集したか。	A	B	C
	競合先情報、地域情報の収集を活発に実施したか。	A	B	C
	活動の効率化・時間の有効活用を意識的に進めたか。	A	B	C
	前回の指示でまだ改善されていないことはないか。	A	B	C
	業績向上へ行動面でリーダーシップをとったか。	A	B	C
	情報管理ノートの活用により、行動面の自己管理をしているか。	A	B	C
	目標達成に足る行動量を自己管理の中で改善しているか。	A	B	C

コラム⑥　モチベーションを高めよう③

●意識改革だけでは業績の伸長は期待できない

　業績の向上や人材の育成、啓発に際して、意識改革という言葉がよく使われます。この意識改革という言葉は多くの金融機関において事あるごとに行員教育に用いられ、また外部研修などの標題にも多く見られます。

　しかし、その中身は成果経験の確証も少ない机上論が中心で、一般的に現場での実効性に乏しく、結果も容易に確認できないことが少なくありません。

　もし、意識改革の名の下に業績を進展させようとするならば、少なくとも意識面と同時に、実際に成果として確証を得た実践的・具体的な手法や管理方法を中心とする、行動面における改革を実行することが必要となります。

　意識改革というのは業績の向上や人材の育成、啓発のための心構えであって、意識と行動の両面での改革を並行して実施して、初めて成果として目に見えるものとなるのです。

●顧客ニーズを考慮した行動改革によって業績は伸長する

　行動改革には顧客ニーズに則した行動規範の策定が最も効果を生みます。例えば、新規開拓の推進強化の場合、行員にまず意識面の認識として「新規事業所の獲得競争が激化している中で、競合金融機関に打ち勝つ融資開拓を推進しよう」などのスローガンを掲げて、新規開拓の必要性やこれから生じる収益性等、また活動に伴う事前準備の重要性などを意識させます。

　ところが、肝心な行動面の施策では、目標設定や行動管理、また推進ポイントは明示しても、行動手法の中身は20年も前から同じ理論とパターンの繰り返しで実践力がなく、顧客ニーズの覚醒や対応策も机上論が罷り通っていることが少なくありません。

　施策は顧客ニーズに具体的、実践的に対処できるものでなければ、継続した業績を上げることはできません。顧客環境は著しく変化しており、この認識のない行動改革論では現在のような金融サバイバル時代を生き抜けないのは言うまでもないことです。

●**意識改革中心の方策は推進の活性化にはつながりにくい**

　業績が低迷している金融機関あるいは営業店に見受けられる意識改革を中心とした方策は、そのほとんどが受動的で「顧客の動きを待つ」策です。また、項目の認識に重点が置かれていて、自発的な活動の具体性と実践性に乏しさが見受けられます。これは「待っていればお客がやってくる」という日本経済が成長期にあったころのやり方で、他金融機関との競争の激しい現在では、効果は期待できません。

　狩猟にたとえれば、網を掛けて待っているようなもので、自分から獲物を得るための策や行動が具体化されていないことになります。推進方策は自動車で言えばエンジンで、行動はタイヤであって、タイヤを回転させることができないエンジンでは自動車は走りません。

　行動改革は、業績の向上に貢献し、その中で人材は飛躍的に伸びます。そのために、情報活動から業績管理に至る推進方策と行動規範をきっちり設定し、そのプロセスを日々確認・検証していく方策の徹底が営業推進において最も必要なことと考えます。

PART 6

効果的なクロージング

1 相手の理解と納得を確認してからクロージングに入る

●チャンス時には積極的に仕掛ける

　クロージングとは、営業担当者の提案に対して相手の確約を取り付けることで、融資条件、実行時期など提案した融資に関して理解と納得を確認したところでこのステップに入る。クロージングはタイミングが大切で、早すぎても遅すぎても成功しない。

　この段階は成約への締めくくりとして最も気を遣う場面であり、相手の興味や疑問点、反論などの要点を敏感に察知して、迅速に対応していくことが求められる。

　したがって、クロージングのチャンス時には積極的に仕掛けていくべきである。

①融資条件などについて希望や要請、質問等が具体的にあったとき

社　　長「担保を入れることや保証協会の保証を付けることは絶対条件なの？　どうしても融資が必要という状況ではないので、条件をもう少し考えてよ」

営業担当者「分かりました。もう一度、条件等のご希望についてお聞かせください。できる限り、社長様のご意向に添う形で、早急に検討いたします」

②メインバンクが同様の融資条件を検討する場合に予想される条件など、比較を示唆されたとき

社　　長「新たに取引金融機関を増やすには決断が必要なんだよ。メインバンクと同じ条件なら無理して君のところと取引する必要は感じないんだがね」

営業担当者「ごもっともです。今回のご融資の条件はもちろんですが、私どもでは末長いお取引を考えております。その点も含めて今回、社長様の会社とお取引をいただいた場合、メインバンクさんと比べて、総合的な視野でどの程度のメリットがあるか、再度検討してご説明させていただきます」

まとめ　相手の理解と納得を確認してからクロージングに入る

☆クロージングを成功させるためのアプローチ

1　融資条件をはっきり伝える

・希望的な観測は避け、具体的な融資条件（金利・担保・期間・保証人など）を明確に伝える。ただし、話し合いにより弾力的に対応することを明言することを忘れない。
・自行の対応姿勢などで、誇張（デフォルメ）した話は慎むこと。

2　熱意の伝わる言葉をトークに入れる

・「そうですね」「おっしゃるとおりです」「まったく同感です」「なるほど…」等を随所に入れて話をする。
・過度に感じる褒め言葉は使わない。相手を満足させる話し方を心掛ける。

3　成功を確信して話を進める

・融資条件などのメリット要件だけでなく、営業担当者自身が、「自分に魅力を感じて取引をしてもらおう」といった強い気持ちを持って、積極的な姿勢を崩さない。
・相手の利益をステップごとに繰り返して説明していくことで、自然に納得が得られる。

4　誠実さと人間性を認めてもらう

・メインバンクの悪口は絶対言わない。むしろ「他行を褒める」くらいの余裕を持つ。
・相手の話が間違っていたとしても、言い争いはしない。自分の自慢をしない。

2 クロージングを成功させるためのセールストーク

●話題の焦点を外さないようにコントロール

　クロージングの際のトークでは、相手の関心を常に「提案内容」において、焦点を外さないようにコントロールしていくことが大切である。トークの話題を融資以外に転換したために、要件以外の話に時間をとられて失敗するケースも見受けられる。

　クロージングの段階では、担当者自ら話の核をそらすような展開をしないことはもちろん、相手の話を軌道修正しながら、成約に向けてエネルギーを集中していく心構えが必要となる。

①「お願いセールス」は絶対にしない

営業担当者「メインバンク様より有利な条件をご提示させていただけたと思いますが、いかがでしょうか？　社長様のご希望がございましたら、お聞かせください」

社　長「条件はよく分かったよ。こちらも、他の金融機関がどの程度の評価をするのか、参考にもなった。正攻法のセールスも気に入ったよ」

②融資の実行内容を具体的につめる

営業担当者「先日の社長様のご希望を検討させていただき、ご意向に添えるよう精一杯努力しました。最終的に、このような内容でご融資をさせていただくことになります。ご満足いただける内容と思いますので、ぜひ、よろしくご了承ください」

③融資実行までのスケジュールを立てる

営業担当者「ご融資の条件につきまして、ご了承いただきありがとうございます。早速ですが、実行までのスケジュールを立てさせていただきます」

社　長「そんなに急がなくてもいいよ」

営業担当者「景気動向などから考えまして、今のうちに資金のご準備をされておけば、ご安心と存じます」

まとめ　クロージングを成功させるためのセールストーク

☆売り込みのタイミングをうまく捉えよう

　相手が取引を決断しようとするときは、トークの質問が具体的になってくるなどのサインが出る。そこでタイミングよくクロージングすると、効果的に成約につながる。相手のサインを敏感に捉えて、質問に対しては的確、かつ丁寧に答えながら、積極的なトークを行っていくことが成功のコツである。

1　融資メリットについて質問内容が具体的になってきたとき

融資の期待感を高めるトークをする

社　長「聞きたいことがいくつかあるのだけれど…」
営業担当者「ご質問につきまして、一つ一つ明確にお答えいたします。可能な限り、ご希望に添えるよう努力させていただきます」
営業担当者「私を信頼していただいて、お任せ願えませんでしょうか。ご期待は裏切りません」

2　周囲の状況を聞く姿勢が見られたとき

社長以外の人の立場も考慮する

社　長「取引銀行を増やすと煩雑になるよ」
営業担当者「その点は確かにあるかもしれません。でも、経理のご担当者様にとりましてはご融資窓口の拡大は、取引条件やサービスの比較メリットが生まれてきますので、ご賛成いただけるものと確信します」

3　提案事項について条件を出してきたとき

社長の意見を真剣に検討する姿勢を見せる

社　長「金利はもう少し安くならないの」
営業担当者「分かりました。精一杯やりましたがもう一度努力します。ご希望は何％でしょうか」

4　取引後の対応姿勢を質問してきたとき

できることと、できないことを正直に伝える

社　長「おたくの銀行と取引して、困ったときなど、将来的にも面倒をみてくれるのか」
営業担当者「その時の状況や会社の財務内容で条件は変わってくると思いますが、全力で対応させていただくことはお約束します」

3 なかなかクロージングに結びつかないとき

●担当者自身のセールススタンスを見直す
　開拓訪問の繰り返しにより、相手企業の悩みや経営課題などを解決するかたちで提案営業を展開しているのに、クロージングの段階に至って、なかなかクロージングに結びつかないことが少なくない。
　この場合、担当者自身のセールススタンスが原因になっていないか、見直しを図ることを忘れないようにする。

●クロージングにおけるセールススタンスのチェックポイント
①**クロージングのための条件準備は万全か**
　相手の求める情報、知りたい事項あるいは必要な情報などについて、正確に応えているか検証してみる。クロージングには、想定される質問等についてあらかじめ対応を容易にしておく。
②**セールストークの方法に問題はないか**
　しゃべりすぎ、言葉の不足または表現の曖昧さなど、自分の意図や考えなどを正確に相手に伝える手段に問題はないか、自分自身でチェックする。
③**相手の反論やシビアな希望を恐れていないか**
　相手の希望条件やメインバンクの取引条件などは真正面から受け止めて、自行の融資条件をしっかり打ち出すことが、誠実さを表す。
④**一時の取引だけでなく、長期的な展望に立って話をしているか**
　目先の取引に目を奪われたり成約を焦ったりすると、相手に不信感を抱かせることになる。末長く取引をしていただくスタンスで、長期的な視野で、いま考えられる取引姿勢を説明する。
⑤**相手との間に性格上の違いや考え方のキャップを感じていないか**
　相性が悪い場合などは、担当者だけの単独クロージングは成功しない場合が多いので、上司との同行を検討すると良い。

まとめ　なかなかクロージングに結びつかないとき

クロージングトークを見直すポイント

1　しゃべりすぎない　余分なことは言わない
- 必要なことは必ず伝える
- 質問には納得をしてもらうまで答える

2　融資条件は弱腰にならずに、明確に伝える
- 融資条件が厳しいと思われる場合でも、条件は的確に伝える
- 自行の融資条件の提示内容は、担当者の判断だけでは変更しない

3　確定しないことや予想の範囲外の話は避ける
- 自分で責任が持てない内容や約束は、取引後の対応にも悪影響を及ぼしやすいので避ける
- 取引条件以外の要望については、自己判断をしない

4　トークの主導権は担当者が握る
- トークの内容と流れは担当者が主導権を握る
- 話は相手に思う存分させる

5　成約を急がない　焦らない
- 成約を急ぐと打算を感じ取られやすい
- クロージングトークはゆっくり丁寧に、相手が納得していることを確認しながら行う

4 融資実行の報告とお礼訪問

●お礼訪問は融資実行の2～3日後に

　担当者の努力が報われて、いよいよ融資の実行段階に入ることになる。金融機関の営業担当者にとってこのときほど仕事にやりがいを感じるときはないはずだ。このやりがいのある仕事の有終の美を飾るためにも、最終段階の融資の実行、および今後の取引深耕を踏まえたお礼訪問には十分な配慮をもって臨むことが大切となる。

　その際には、まず融資実行の報告とお礼の言葉を述べたい。

融資実行の報告

①融資実行の前日（実行前の予定報告のみとして余分なことは言わない）
営業担当者「ありがとうございます。今回のご融資に関しますすべての書類を整わせていただきました。明日ご融資を実行させていただきますので、よろしくお願いいたします」
②融資実行の当日
　前日訪問しているので重複訪問は避けたほうがすっきりしている。ケースバイケースだが、電話などで計算書の持参日時の約束程度の簡単な報告に止めることが良い場合が多い。

お礼訪問

・融資実行の2～3日後
営業担当者「先日はありがとうございました。無事に融資実行させていただきました。これからがお取引の本番だと思っておりますので、よろしくお願いいたします。また、今後、定期的にお伺いさせていただきますので、メインバンクさんの動向なども、ぜひお聞かせください」

まとめ　融資実行の報告とお礼訪問

　融資実行後、メインバンクの動きなどの情報キャッチ、またこちらからの情報提供などのメンテナンスを含めたアフターフォロー訪問が必要となる。「融資開拓訪問のときだけ足しげく来たのに、いざ、融資実行が済んだら訪問してこない」ではイメージは低下するばかりか、今後の取引拡大は望みようもないだろう。

1　融資実行の効果を聞きながら、今後の経営計画やビジョンなどに話を展開する

営業担当者「ご融資はお役に立てましたでしょうか。社長様のご期待に添うことができているならば、本当に嬉しく思います」

営業担当者「今後の展開につきましても、融資だけでなく、いろいろなご相談も含めまして、社長様のご意向に叶うかたちで、ご協力いたします。ぜひ、私どもをブレーンとしてお仲間に入れていただきたく存じます」

2　知り合いの社長を紹介してもらい、次の開拓チャンスを作る

営業担当者「社長様は異業種交流などで活発にご活躍されていて、お顔も広いと伺っております。ぜひ、どちらかの会社をご紹介願います」

営業担当者「お知り合いの会社をご紹介いただき、ありがとうございます。ぜひ、ご紹介状を書いていただけるとありがたいのですが」

　相手に融資実行について煩雑感を与えないように、実行書類はできる限り1回で全部揃えられるよう、あらかじめ書類徴求の段取りを定めておく。

　お礼訪問は、支店長の同行訪問を原則とするなど、相手が納得するだけのかたちを考えて敬意を表することが、今後の取引の進展につながる。

コラム7　私が経験した現場③

●失敗が人を成長させる

　営業活動の具体的な方法やセールス手法、セールストークなどについて、私は専門書や研修などで身に付けたものはほとんどありません。むしろ自らの経験とそれに伴う失敗事例から多くのことを学んできました。とりわけ失敗は自分を猛烈な勢いで向上させてくれるものです。

　私の失敗エピソードは数多いのですが、失敗が多かった分、他人より成長したと自分では思っています。特に営業担当者時代の若いころは模範生には程遠く、「成績さえ良ければ文句ないだろう」くらいの気持ちで仕事をしていたものです。セールス面においても「奥さん」を「おばさん」と呼んで叱られたり、「定期積金は5年掛けしかない」と言って苦情をいただいたりなど、決して褒められた職員ではありませんでした。

　でも、失敗したりミスをする都度、反省をして改善していく意識は他の人より強く、同じ過ちを繰り返したことはほとんどないと記憶しています。仕事というものは前向きにやればやるほど、失敗というリスクが増えます。リスクを恐れるならば仕事はしないほうが無難であり、それが許される状況であったり、あるいは他人より上に立ちたいという願望がなければ無理をする必要はないかもしれませんが……。

　金融機関という組織の中では、やらなければならないことが決められています。同じ組織にあっても10の仕事に対して12の仕事をする人間と、5の仕事しかできない、もしくはやらない人とが存在します。12の仕事をすれば3の失敗をしても9の成果が上がるのに、5の仕事だけで失敗やミスがないことを良しとするケースが見受けられます。この場合、12の仕事をする人の3の失敗を必要以上に突いて部下の成長の芽を摘むような管理者に育成能力はありません。

　人は失敗から学びます。研修において成功事例を話すよりも、失敗事例の話のほうが興味を持たれるのは、失敗のほうが聞いている人にとって身近なことであり、これこそが実践だからです。

渉外現場を見渡すと、リスクを恐れてはいないものの、リスクの中には決して入っていかないという空気を感じるときがあります。しかし、強い営業力はリスクによって育てられるものなのです。

成長する営業担当者とは

行動面

・推進を表で自己管理している。日報管理も充実し、日報だけで前日の行動が把握できる。
・1日の行動量が多く、新規開拓訪問が定例化されている。1件当たりの面談時間もスケジュールの中で計算されている。目標達成のための行動量を考えている。
・情報収集と提供を業績の根源として位置づけて習慣化している。

意識面

・10年後、20年後の自分の姿を想定して、いまある自己課題を改善しようとする意識を持っている。
・「集金屋」と呼ばれることを嫌う。仕事のやりがいや、生きがいを自ら求めようとしている。
・目標に対する行動意識が高い。計画性に富んでいる。

コラム⑧　私が経験した現場④

●新規開拓は入口のセールスが大切

　新規開拓の手法やテクニックを学ぶ場合、商品の説明方法や話の内容の展開など、面談後の手法を重視しやすいのですが、これは二次的な課題であって肝心の面談までの入り方を習得しなければ何も始まりません。どんなにすばらしい商品や顧客メリットのある企画を持って業務知識や応酬話法を備えて訪問したとしても、相手に聞いてもらえなければ意味がないのです。

　大切なのは、まず入り口の扉を開けてもらうにはどのような訪問方法が効果的かを知ることです。これは経験で身につくものであり、机の上だけで教えられても簡単に行動にはつながりません。

　扉を開けてもらうポイントは、「私はあなたにとって利益を与える人です」「話を聞いてもあなたに絶対に損はさせません」ということを印象づけることです。

　金融機関という大きな看板の後押しがあるからこそ、入口でのセールスに成功すれば顧客が扉を開ける確率は高くなるものです。面談後の学習も大事ですが、入り口のセールスに工夫と改善をしないと営業担当者のレベルアップは進みません。

●新規セールスは勇気と自信で磨かれる

　どの金融機関にも優秀な営業担当者は数多くいます。また、他の業種においてもトップレベルで活躍する担当者に出会うことも少なくありません。彼らに共通しているのは、セールストークのうまさもさることながら、セールス展開がうまく、自分の求めていることを正確に顧客に伝えていることです。顧客もそれに対して本音で答えることから、応酬話法が外交辞令で終わらず、成約へのステップが明確に把握され、効率的な営業ができているのです。総じて、控え目なセールスをしていないことも功を奏しています。

　例えば、「お話をさせていただきたいのですが、お時間はございますか」などと入り口で言ったら、まずほとんどの顧客は拒絶反応を示すはずです。

拒絶の誘導話法だからです。

「ぜひお話をさせていただきたい」と率直に話すことがセールスマンの真意なのに、これを伝えていないのです。個人宅への新規開拓を例にとれば、「よかったら定期積金をやってください」などのセールストークでは、「そのうち余裕ができたら考えます」が一般的な返事となり、こんな会話が新規開拓に全く通じないのは承知のとおりでしょう。

「3年で100万円の定期積金をぜひ検討してください。もちろん今日はお返事はいりません。来週またお伺いしますので、ぜひ考えておいてください」というように、優秀な営業担当者は自分の意志を具体的に示して、次回訪問を相手に納得させるかたちで、成約のための要素を盛り込んだセールストークを展開しています。

これは事業所融資であろうと定期積金や住宅ローンの借換セールスであろうと基本は一緒であり、生まれ持ったセンスだけではなく、訪問経験の工夫と改善から生まれているのです。

実は私も同じ手法を取り入れて事業所の開拓を行ってきました。初回訪問にあたって電話でアポイントを取ろうとすれば、8割は断られます。反対に2回目以降の訪問はアポイントを取らなければ8割から文句を言われます。1回目の面談で次の訪問約束を取り付けることが効果的で、継続訪問が多ければ必ず成約にまで発展します。

セールスを1話完結で終わらせると、効果が上がらないばかりか、次回の訪問がしにくくなります。新規開拓セールスを継続的な活動として営業担当者に根付かせるためには、具体的な経験を数多く踏ませて自信を持たせていく以外にないのです。

■著者の紹介

荻野　元夫（株式会社クリエイト・プラン代表）

1950年生まれ。和光大学経済学部卒業。信用金庫に33年間勤務。新規開拓専門部主任推進役、支店長、融資部副部長、営業推進部長などを務めて、2006年に独立。地域密着型金融のプロとして、自らの実績と体験を背景に『業績を上げながら人材を育てる』実践的な行動理論により講演、執筆、職員研修、推進担当部指導など、多彩な活動を展開している。

特に、現場では実際に役立つことが少ない机上論や精神論は避け、実践的な行動手法やセールス話法をふんだんに入れた「成果に結びつくための実践論」による研修指導、講義には定評がある。

ココに苦手克服のヒントがある
現場で実践する事業所開拓

　　平成21年 7 月 3 日　　初版発行
　　平成29年 7 月20日　　第 4 刷発行

著　者　　荻 野 元 夫
発行者　　楠 真 一 郎
発　行　　株式会社近代セールス社
　　　　　〒164-8640 東京都中野区中央1-13-9
　　　　　電話（03）3366-5701
　　　　　FAX（03）3366-2706
印刷・製本　壮光舎印刷株式会社

©Motoo Ogino 2009　　　　　　　　　　本文イラスト　山本サトル
定価はカバーに表示してあります。
ISBN978-4-7650-1035-1